CONCORDANCE

DES LOIS

SUR LA PRESSE, etc.

SE TROUVE

CHEZ J. DECLE, SUCCESSEUR DE RONDONNEAU,

ET SEUL PROPRIÉTAIRE ACTUEL DU DÉPÔT DES LOIS,

PLACE DU PALAIS DE JUSTICE.

CONCORDANCE
DES LOIS

SUR

LA RÉPRESSION, LA POURSUITE, ET LE JUGEMENT

DES INFRACTIONS COMMISES PAR LA VOIE DE LA PRESSE,

OU PAR TOUS AUTRES MOYENS DE PUBLICATION,

SUIVIE

DU TEXTE DE CES MÊMES LOIS

PAR ORDRE CHRONOLOGIQUE.

PAR E. C. G. DE BERNY,

CONSEILLER DU ROI EN SA COUR ROYALE DE PARIS.

PARIS,

DE L'IMPRIMERIE DE DIDOT L'AINÉ,

RUE DU PONT DE LODI, N° 6.

1822.

AVANT-PROPOS.

La législation sur la répression, la poursuite et le jugement des infractions * commises par la voie de la presse, ou par tous autres moyens de publication, vient de subir d'importantes modifications. Des articles entiers des lois des 17, 26 mai, et 9 juin 1819, sont abrogés par les lois des 17 et 25 mars 1822; d'autres articles sont essentiellement modifiés.

Il n'est pas de bons esprits, qui, en rapprochant les anciennes et les nouvelles dispositions, ne soient bientôt convaincus de l'harmonie qui existe entre elles; toutefois, un tel rapprochement, opéré d'une manière uniforme, peut éviter des recherches et de la perte de temps aux magistrats et sur-tout aux juges

* Les rédacteurs du Code pénal avoient sagement désigné par le mot générique *infractions* les atteintes plus ou moins graves que l'on peut porter aux lois, et contre lesquelles celles-ci prononcent des peines plus ou moins fortes. Ils avoient divisé ces infractions en *crimes*, *délits*, et *contraventions*. On a perdu trop souvent de vue ces définitions et ces divisions fondamentales; et, confondant les crimes avec les délits, on a erré sur les attributions primitives des jurés, lesquels ne doivent connoître que des crimes, si ce n'est en cas de connexité, d'après le droit commun maintenu par la Charte, suspendu par la loi du 26 mai 1819; et remis en vigueur par la loi du 25 mars 1822.

d'instruction et au ministère public. C'est dans cette vue qu'on s'est occupé d'un travail qui n'a d'autre mérite que celui de la patience.

Sous une seule série de numéros corrélatifs, mais sous les titres de *Concordance* et de *Texte par ordre chronologique*, les lois sont rapportées de deux manières, qui se contrôlent réciproquement.

Dans la *Concordance*, les dispositions analogues des diverses lois sont classées suivant leur importance. A la fin de chaque article, on a indiqué en parenthèse l'article de loi dont il est extrait, et le numéro d'ordre sous lequel il est rapporté dans le Texte chronologique, avec les observations dont on l'a cru susceptible.

Dans le *Texte chronologique*, les lois et les ordonnances sont rapportées intégralement et par ordre de date.

La diversité des caractères d'impression, les notes et les renvois soit à la Concordance, soit au Texte chronologique lui-même (pour tout ce qui n'est pas rapporté dans la Concordance), sont autant de moyens de s'assurer de l'exactitude des deux parties du travail.

La loi du 25 mars 1822, en rétablissant le droit commun, auquel la loi du 26 mai 1819 avoit fait exception, a rendu à la juridiction correctionnelle la connoissance de tous les *délits*, et n'a laissé aux cours d'assises que la connoissance des *crimes*.

Dans l'état actuel de la législation, les tribunaux de police correctionnelle doivent donc connoître en premier ressort des *délits* commis par la voie de la presse, ou par tout autre moyen de publication ; mais, en cas de saisie, ils ne peuvent le faire qu'en vertu d'ordonnances rendues par les chambres du conseil, dans les formes prescrites par celles des dispositions de la loi du 26 mai 1819 qui n'ont point été abrogées. Les appels des jugements rendus à l'occasion de ces délits doivent être portés,

Aux cours royales, devant la première chambre civile et celle des appels de police correctionnelle réunies, aux termes de l'art. 17 de la loi du 25 mars 1822, s'il s'agit d'*écrits* soit manuscrits, soit imprimés ;

Aux chambres des appels de police correctionnelle ou aux tribunaux des chefs-lieux judiciaires, aux termes de la loi précitée, et des art. 200 et 201 du Code d'instruction criminelle, s'il s'agit de tous autres moyens de publication, tels que discours, cris, menaces, dessins, peintures, gravures, emblèmes, placards, affiches, etc.

C'est d'après ces distinctions qu'a été établie la partie de la Concordance qui est relative à l'instruction. On y a rapporté textuellement les lois particulières à la matière, en reproduisant, soit intégralement, soit partiellement, les articles des lois.

On s'est borné à renvoyer au Code d'instruction criminelle : il eût été trop long, et d'ailleurs superflu, d'en rapporter le texte.

L'ouvrage est terminé par une table alphabétique sommaire des infractions ; cette table renvoie aux numéros d'ordre de la Concordance et du Texte par ordre chronologique.

CONCORDANCE
DES LOIS

SUR LA RÉPRESSION, LA POURSUITE
ET LE JUGEMENT

DES INFRACTIONS COMMISES PAR LA VOIE DE LA PRESSE,
OU PAR TOUS AUTRES MOYENS DE PUBLICATION*.

~~~~~~

PREMIÈRE PARTIE.

INFRACTIONS ET PEINES.

———

Infractions commises par toutes voies de publication.

1. Quiconque, soit par des discours, des cris ou
menaces proférés dans des lieux ou réunions publics, soit par des écrits, des imprimés, des dessins,
des gravures, des peintures ou emblèmes vendus ou
distribués, mis en vente ou exposés dans des lieux ou
réunions publics, soit par des placards et affiches ex-

> Moyens de publication.

---

* Les modifications que l'état actuel de la législation a rendues
nécessaires sont imprimées en caractères italiques.

On a indiqué par des astérisques les dispositions pénales suscep-
tibles d'atténuation dans leur application par les tribunaux.

posés aux regards du public, aura *commis les infrac-tions prévues par les articles ci-après, sera puni des peines portées auxdits articles.* (Loi du 17 mai 1819, article 1er, Texte chronologique, n° 207.)

Outrages à la religion.

2. Quiconque, par l'un des moyens énoncés en l'article 1 de la loi du 17 mai 1819, aura outragé ou tourné en dérision la religion de l'État, sera puni d'un emprisonnement de trois mois à cinq ans, et d'une amende de trois cents francs à six mille francs.

Les mêmes peines seront prononcées contre qui-conque aura outragé ou tourné en dérision toute autre religion dont l'établissement est légalement reconnu en France. (L. 25 mars 1822, art. 1, T. C., n. 324.)

Id. à la morale publique et religieuse, et aux bonnes mœurs.

3. Tout outrage à la morale publique ou religieuse, ou aux bonnes mœurs, par l'un des moyens énon-cés en l'article 1 de la *loi du* 17 *mai* 1819, sera puni d'un emprisonnement d'un mois à un an, et d'une amende de seize francs à cinq cents francs. (L. 17 mai 1819, art. 8, T. C., n. 214.)

Id. aux bonnes mœurs.

4. Toute exposition ou distribution de chansons, pamphlets, figures ou images contraires aux bonnes mœurs, sera punie d'une amende de seize francs à cinq cents francs, d'un emprisonnement d'un mois à un an, et de la confiscation des planches et des exemplaires imprimés ou gravés de chansons, fi-gures ou autres objets du délit. (Code pénal, art. 287, T. C., n. 358.)

Atténuation

5. La peine d'emprisonnement et l'amende pro-

noncées par l'article précédent seront réduites à des peines de simple police,

1° A l'égard des crieurs, vendeurs ou distribu-teurs qui auront fait connoître la personne qui leur a remis l'objet du délit;

2° A l'égard de quiconque aura fait connoître l'imprimeur ou le graveur;

3° A l'égard même de l'imprimeur ou du graveur qui auront fait connoître l'auteur ou la personne qui les aura chargés de l'impression ou de la gra-vure. (Code pénal, art. 288, T. C., n. 359.)

6. Seront punies d'amende, depuis six francs jus-qu'à dix francs inclusivement, *Idem.*

Les personnes désignées *en l'article* 288 *ci-dessus du Code pénal.* (C. pénal, art. 475, T. C., n. 365.)

7. Seront saisis et confisqués les écrits ou gravures contraires aux mœurs : ces objets seront mis sous le pilon. (C. pénal, art. 477, T. C., n. 366.) *Confiscation du corps du délit.*

8. *Dans les cas des articles* 287 *et* 288 *du Code pénal,* et où l'auteur sera connu, il subira le *maximum* de la peine attachée à l'espéce du délit. (Code pénal, art. 289, T. C., n. 360.) *Aggravation pour l'auteur.*

———

9. Toute attaque, par l'un des moyens *énoncés en l'article* 1 *de la loi du* 17 *mai* 1819, contre la dignité royale, l'ordre de successibilité au trône, les droits que le roi tient de sa naissance, ceux en vertu des-quels il a donné la Charte, son autorité constitu-tionnelle, l'inviolabilité de sa personne, les droits ou l'autorité des Chambres, sera punie d'un emprison- *Attaque contre les droits du Roi et des Chambres.*

nement de trois mois à cinq ans, et d'une amende
de trois cents francs à six mille francs. (L. 25 mars
1822, art. 2, T. C., n. 325.)

Id. contre le gouvernement. 10. Quiconque, par l'un des mêmes moyens, aura
excité à la haine ou au mépris du gouvernement du
Roi, sera puni d'un emprisonnement d'un mois à
quatre ans et d'une amende de cent cinquante francs
à cinq mille francs.

La présente disposition ne peut pas porter atteinte
au droit de discussion et de censure des actes des
ministres. (L. 25 mars 1822, art. 4, T. C., n. 327.)

———

Offenses envers le Roi. 11. Quiconque, par l'un des moyens énoncés en
l'article 1 de la *loi du 17 mai* 1819, se sera rendu coupable d'offenses envers la personne du Roi, sera puni
d'un emprisonnement qui ne pourra être de moins
de six mois, ni excéder cinq années, et d'une amende
qui ne pourra être au-dessous de cinq cents francs,
ni excéder dix mille francs.

Le coupable pourra, en outre, être interdit de
tout ou partie des droits mentionnés en l'article 42
du Code pénal, pendant un temps égal à celui de
l'emprisonnement auquel il aura été condamné: ce
temps courra à compter du jour où le coupable aura
subi sa peine. (Loi du 17 mai 1819, art. 9, T. C.
n. 215, 343.)

Id. envers les princes du sang. 12. L'offense, par l'un des moyens énoncés en
l'art. 1 de la *loi du 17 mai* 1819, envers les membres
de la famille royale, sera punie d'un emprisonnement d'un mois à trois ans, et d'une amende de cent

francs à cinq mille francs. (L. 17 mai 1819, art. 10, T. C., n. 216.)

13. L'offense, par l'un des mêmes moyens, envers les Chambres ou l'une d'elles, sera punie d'un empri- *Id. envers les Chambres.* sonnement d'un mois à trois ans, et d'une amende de cent francs à cinq mille francs. (L. 17 mai 1819, art. 11, T. C., n. 217.)

14. L'offense, par l'un des mêmes moyens, envers *Id. envers les souverains étrangers.* la personne des souverains ou envers celle des chefs des gouvernements étrangers, sera punie d'un emprisonnement d'un mois à trois ans, et d'une amende de cent francs à cinq mille francs. (L. 17 mai 1819, art. 12, T. C., n. 218.)

———

15. L'attaque, par l'un des moyens énoncés en l'ar- *Délits contre la paix publique. - Culte. - Propriété.* ticle 1 de la *loi du 17 mai* 1819, des droits garantis par les art. 5 et 9 de la Charte constitutionnelle, sera punie d'un emprisonnement d'un mois à trois ans, et d'une amende de cent francs à quatre mille francs. (L. 25 mars 1822, art. 3, T. C., n. 326.)

16.*Seront punis d'un emprisonnement de six jours *Cris séditieux.* à deux ans, et d'une amende de seize francs à quatre mille francs, tous cris séditieux publiquement proférés. (L. 25 mars 1822, art. 8, T. C., n. 331.)

17. Seront punis d'un emprisonnement de quinze *Actes extérieurs de rébellion.* jours à deux ans, et d'une amende de cent francs à quatre mille francs,

1°* L'enlèvement ou la dégradation des signes publics de l'autorité royale, opérés en haine ou mépris de cette autorité ;

2° Le port public de tous signes extérieurs de ralliement non autorisés par le Roi ou par des réglements de police ;

3° L'exposition dans les lieux ou réunions publics, la distribution ou la mise en vente de tous signes ou symboles destinés à propager l'esprit de rébellion ou à troubler la paix publique. (L. 25 mars 1822, art. 9, T. C., n. 332).

Incitation à la désobéissance aux lois.

18. La provocation, par l'un des moyens énoncés en l'article 1 de la *loi du 17 mai* 1819, à la désobéissance aux lois, sera punie des peines portées en l'article 3 *de la même loi*, n. 35 et 209. (L. 17 mai 1819, art. 6, T. C., n. 212.)

Id. à la haine contre des classes de personnes.

19. Quiconque, par l'un des moyens énoncés en l'article 1 de la *loi du 17 mai* 1819, aura cherché à troubler la paix publique en excitant le mépris ou la haine des citoyens contre une ou plusieurs classes de personnes, sera puni des peines portées en l'article précédent. (L. 25 mars 1822, art. 10, T. C., n. 333.)

Outrages envers les fonctionnaires, jurés ou témoins.

20. * L'outrage fait publiquement d'une manière quelconque, à raison de leurs fonctions ou de leur qualité, soit à un ou plusieurs membres de l'une des deux Chambres, soit à un fonctionnaire public, soit enfin à un ministre de la religion de l'État ou de l'une des religions dont l'établissement est légalement reconnu en France, sera puni d'un emprisonnement de quinze jours à deux ans, et d'une amende de cent francs à quatre mille francs.

Le même délit envers un juré, à raison de ses fonctions, ou envers un témoin, à raison de sa déposition, sera puni d'un emprisonnement de dix jours à un an et d'une amende de cinquante francs à trois mille francs.

L'outrage fait à un ministre de la religion de l'État, ou de l'une des religions légalement reconnues en France, dans l'exercice même de ses fonctions, sera puni des peines portées par l'article 1 de la *loi du 25 mars* 1822. (n. 2 et 324.)

*Si l'outrage, dans les différents cas prévus par le présent article, a été accompagné d'excès ou violences prévus par le premier paragraphe de l'article 228 du Code pénal (n. 349) il sera puni des peines portées audit paragraphe et à l'article 229 (n. 350), et, en outre, de l'amende portée au premier paragraphe du présent article.

Si l'outrage est accompagné des excès prévus par le second paragraphe de l'article 228, et par les articles 231, 232, et 233 (n. 351, 352 et 353), le coupable sera puni conformément audit Code. (L. 25 mars 1822, art. 6, T. C., n. 329, 349, 350, 351, 352, 353.)

———

21. Toute allégation ou imputation d'un fait qui **Diffamation.** porte atteinte à l'honneur ou à la considération de la personne ou du corps auquel le fait est imputé, est une diffamation.

Toute expression outrageante, terme de mépris ou invective, qui ne renferme l'imputation d'aucun fait, est une injure. (L. 17 mai 1819, art. 13, T. C. n. 219.)

Idem.

22. La diffamation et l'injure commises par l'un des moyens énoncés en l'article 1 de la loi *du 17 mai 1819*, seront punies d'après les distinctions suivantes. (L. 17 mai 1819, art. 14, T. C., n. 220.)

Idem
envers les corps
constitués.

23. La diffamation ou l'injure, par l'un des mêmes moyens, envers les cours, tribunaux, corps constitués, autorités ou administrations publiques, sera punie d'un emprisonnement de quinze jours à deux ans, et d'une amende de cent cinquante francs à cinq mille francs. (L. 25 mars 1822, art. 5, T. C., n. 328.)

Id. envers les
dépositaires de
l'autorité publi-
que.

24. La diffamation envers tout dépositaire ou agent de l'autorité publique, pour des faits relatifs à ses fonctions, sera punie d'un emprisonnement de huit jours à dix-huit mois, et d'une amende de cinquante francs à trois mille francs.

L'emprisonnement et l'amende pourront, dans ce cas, être infligés cumulativement ou séparément selon les circonstances. (L. 17 mai 1819, art. 16, T. C., n. 222.)

Id. envers des
agents diplo-
matiques.

25. La diffamation envers les ambassadeurs, ministres plénipotentiaires, envoyés, chargés d'affaires, ou autres agents diplomatiques accrédités près du Roi, sera punie d'un emprisonnement de huit jours à dix-huit mois, et d'une amende de cinquante francs à trois mille francs, ou de l'une de ces deux peines seulement, selon les circonstances. (L. 17 mai 1819, art. 17, T. C., n. 223.)

Id. envers des
particuliers.

26. La diffamation envers les particuliers sera punie d'un emprisonnement de cinq jours à un an, et d'une amende de vingt-cinq francs à deux mille

francs, ou de l'une de ces deux peines seulement, selon les circonstances. (L. 17 mai 1819, art. 18, T. C., n. 224.)

27. Ne donneront lieu à aucune action en diffamation ou injure, les discours prononcés ou les écrits produits devant les tribunaux : pourront néanmoins les juges saisis de la cause, en statuant sur le fond, prononcer la suppression des écrits injurieux ou diffamatoires, et condamner qui il appartiendra en des dommages-intérêts.

Les juges pourront aussi, dans le même cas, faire des injonctions aux avocats et officiers ministériels, ou même les suspendre de leurs fonctions.

La durée de cette suspension ne pourra excéder six mois; en cas de récidive, elle sera d'un an au moins et de cinq ans au plus.

Pourront, toutefois, les faits diffamatoires étrangers à la cause donner ouverture, soit à l'action publique, soit à l'action civile des parties, lorsqu'elle leur aura été réservée par les tribunaux, et, dans tous les cas, à l'action civile des tiers. (L. 17 mai 1819, art. 23, T. C., n. 229.)

Idem au Barreau.

———

28. L'injure contre les personnes désignées par les articles 16 et 17 de la loi du 17 mai 1819, savoir : *Dépositaires, agents de l'autorité publique, ambassadeurs, ministres plénipotentiaires, envoyés, chargés d'affaires, ou autres agents diplomatiques accrédités près du Roi*, sera punie d'un emprisonnement de cinq jours à un an, et d'une amende de vingt-cinq

Injures graves.

francs à deux mille francs, ou de l'une de ces deux peines seulement, selon les circonstances.

L'injure contre les particuliers sera punie d'une amende de seize francs à cinq cents francs. (L. 17 mai 1819, art. 19, T. C., n. 225.)

———

Injure simple. 29. Néanmoins, l'injure qui ne renfermerait pas l'imputation d'un vice déterminé, ou qui ne seroit pas publique, continuera d'être punie des peines de simple police. (L. 17 mai 1819, art. 20, T. C., n. 226.)

Idem. 30. Seront punis d'amende depuis un franc jusqu'à cinq francs inclusivement, ceux qui, sans avoir été provoqués, auront proféré contre quelqu'un des injures autres que celles prévues *par les dispositions précédentes.* (Code pénal, art. 471, T. C., n. 363.)

———

Complicité par provocation. 31. Quiconque, soit par des discours, des cris ou menaces proférés dans des lieux ou réunions publics, soit par des écrits, des imprimés, des dessins, des gravures, des peintures ou emblèmes vendus ou distribués, mis en vente ou exposés dans des lieux ou réunions publics, soit par des placards et affiches exposés aux regards du public, aura provoqué l'auteur ou les auteurs de toute action qualifiée crime ou délit à la commettre, sera réputé complice et puni comme tel. (L. 17 mai 1819, art. 1, T. C., n. 207, 347, 348.)

Complicité selon le code. 32. Il n'est point dérogé aux lois qui punissent la provocation et la complicité résultant de tous actes autres que les faits de publication prévus par la *loi du* 17 *mai* 1819. (L. 17 mai 1819, art. 7; T. C. n. 213, 347, 348.)

33. Les imprimeurs d'écrits dont les auteurs se-roient mis en jugement en vertu de la loi *du* 17 *mai* 1819, et qui auroient rempli les obligations prescrites par le titre 2 de la loi du 21 octobre 1814 (n. 167), ne pourront être recherchés pour le simple fait d'im-pression de ces écrits, à moins qu'ils n'aient agi sciemment, ainsi qu'il est dit à l'article 60 du Code pénal (n. 348), qui définit la complicité. (L. 17 mai 1819, art. 24, T. C., n. 230, 347, 348.) *Complicité des imprimeurs.*

---

34. Quiconque aura, par l'un des moyens énon-cés en l'article 1 de la *loi du* 17 *mai* 1819, provoqué à commettre un ou plusieurs crimes, sans que la-dite provocation ait été suivie d'aucun effet, sera puni d'un emprisonnement qui ne pourra être de moins de trois mois, ni excéder cinq années ; et d'une amende qui ne pourra être au-dessous de cin-quante francs, ni excéder six mille francs. (L. 17 mai 1819, art. 2, T. C. n. 208.) *Provocations sans effet aux crimes.*

35. Quiconque aura, par l'un des mêmes moyens, provoqué à commettre un ou plusieurs délits, sans que ladite provocation ait été suivie d'aucun effet, sera puni d'un emprisonnement de trois jours à deux années, et d'une amende de trente francs à quatre mille francs, ou de l'une de ces deux peines seulement, selon les circonstances, sauf les cas *Id. aux délits.*

dans lesquels la loi prononceroit une peine moins grave contre l'auteur même du délit, laquelle sera alors appliquée au provocateur. (L. 17 mai 1819, art. 3, T. C., n. 209.)

Application des dispositions précédentes aux écrits périodiques.

36. Les propriétaires ou éditeurs responsables d'un journal ou écrit périodique, ou auteurs, ou rédacteurs d'articles imprimés dans ledit journal ou écrit, prévenus de crimes ou délits pour fait de publication, seront poursuivis et jugés dans les formes et suivant les distinctions prescrites à l'égard de toutes les autres publications. (L. 9 juin 1819, art. 9, T. C., n. 274.)

Idem.

37. En cas de condamnation, les mêmes peines leur seront appliquées : toutefois les amendes pourront être élevées au double. (L. 9 juin 1819, art. 10, T. C., n. 275.)

Idem.

38. L'article 10 de la loi du 9 juin 1819 est commun à toutes les dispositions du titre 1 *de la loi du 25 mars* 1822 ; en tant qu'elles s'appliquent aux propriétaires ou éditeurs d'un journal ou écrit périodique. (L. 25 mars 1822, art. 13, T. C., n. 336.)

Récidive.

39. En cas de récidive des crimes et délits prévus par la loi *du 17 mai* 1819, il pourra y avoir lieu à l'aggravation de peines, prononcée par le chap. IV, livre 1 du Code pénal. (L. 17 mai 1819, art. 25, T. C., n. 231, 344, 345, 346.)

Id. Écrits périodiques.

40. *En cas de récidive, les amendes encourues par les*

propriétaires ou éditeurs responsables d'un journal ou écrit périodique, ou auteur, ou rédacteur d'articles imprimés dans ledit journal ou écrit, pourront être portées au quadruple, sans préjudice des peines de la récidive, prononcées par le Code pénal. (L. 9 juin 1819, art. 10, T. C., n. 275.)

41. Quiconque, après que la condamnation d'un écrit, de dessins, ou gravures, sera réputée connue par la publication dans les formes prescrites par l'article 26 de la *loi du 26 mai* 1819 (n. 259), les réimprimera, vendra ou distribuera, subira le *maximum* de la peine qu'auroit pu encourir l'auteur. (L. 26 mai 1819, art. 27, T. C., n. 260.)

Id. pour ouvrages déja condamnés.

42. La peine d'emprisonnement contre toutes les personnes mentionnées en l'article 471 du *Code pénal*, aura toujours lieu, en cas de récidive, pendant trois jours au plus. (Code pénal, art. 474, T. C. n. 364.)

Id. pour injures simples.

43. La peine de l'emprisonnement, pendant cinq jours au plus, sera toujours prononcée, en cas de récidive, contre toutes les personnes mentionnées dans l'article 475 du *Code pénal*. (C. P., art. 478, T. C., n. 367.)

Id. pour publications illégales.

———

44. Dans les cas de délits correctionnels prévus par les premier, second et quatrième paragraphes de l'art. 6, par l'article 8, et par le premier paragraphe de l'art. 9 de la loi du 25 mars 1822 (n. 16, 17, 20, 329, 331, 332), les tribunaux pourront appliquer, s'il y a lieu, l'art. 463 du Code pénal. (Loi du 25 mars 1822, art. 14, T. C., n. 337.)

Atténuation de peines.

Idem.

45. Dans tous les cas où la peine d'emprisonnement est portée par le *Code pénal*, si le préjudice causé n'excède pas vingt-cinq francs, et si les circonstances paroissent atténuantes, les tribunaux sont autorisés à réduire l'emprisonnement, même au-dessous de six jours, et l'amende, même au-dessous de seize francs. Ils pourront aussi prononcer séparément l'une ou l'autre de ces peines, sans qu'en aucun cas elle puisse être au-dessous des peines de simple police. (Code pénal, art. 463, T. C., n. 362.)

Discours et écrits inattaquables.

46. Ne donneront ouverture à aucune action, les discours tenus dans le sein de l'une des deux Chambres, ainsi que les rapports ou toutes autres pièces imprimés par ordre de l'une des deux Chambres. (L. 17 mai 1819, art. 21, T. C., n. 227.)

Infractions particulières aux écrits périodiques.

Autorisation du Roi.

47. Nul journal ou écrit périodique, consacré en tout ou en partie aux nouvelles ou matières politiques, et paroissant, soit régulièrement et à jour fixe, soit par livraisons et irrégulièrement, ne pourra être établi et publié sans l'autorisation du Roi.

Cette disposition n'est pas applicable aux journaux et écrits périodiques existants le 1er janvier 1822. (L. 17 mars 1822, art. 1, T. C., n. 318.)

Conditions de l'autorisation.

48. L'autorisation exigée par l'article précédent ne pourra être accordée qu'à ceux qui justifieront s'être conformés aux conditions prescrites à l'article 1 ci-

après de la loi du 9 juin 1819. (L. 31 mars 1820, art. 3, T. C., n. 292.)

49. Les propriétaires ou éditeurs de tout journal ou écrit périodique, consacré en tout ou en partie aux nouvelles ou matières politiques, et paroissant, soit à jour fixe, soit par livraisons et irrégulièrement, mais plus d'une fois par mois, seront tenus,

1° De faire une déclaration indiquant le nom au moins d'un propriétaire ou éditeur responsable, sa demeure, et l'imprimerie, dûment autorisée, dans laquelle le journal ou l'écrit périodique doit être imprimé;

2° De fournir un cautionnement qui sera, dans les départements de la Seine, de Seine-et-Oise, et de Seine-et-Marne, de dix mille francs de rente pour les journaux quotidiens, et de cinq mille francs de rente pour les journaux ou écrits périodiques paroissant à des termes moins rapprochés;

Et dans les autres départements, le cautionnement relatif aux journaux quotidiens sera de deux mille cinq cents francs de rente dans les villes de cinquante mille ames et au-dessus; de quinze cents francs de rente dans les villes au-dessous, et de la moitié de ces rentes pour les journaux ou écrits périodiques qui paroissent à des termes moins rapprochés.

Les cautionnements pourront être également effectués à la caisse des consignations, en y versant le capital de la rente au cours du jour du dépôt. (L. 9 juin 1819, art. 1, T. C. n. 266.)

50. La responsabilité des auteurs ou éditeurs indi-

solidaire des auteurs, édi-teurs, et rédac-teurs.

qués dans la déclaration s'étendra à tous les articles insérés dans le journal ou écrit périodique, sans préjudice de la solidarité des auteurs ou rédacteurs desdits articles. (L. 9 juin 1819, art. 2, T. C., n. 267.)

Affectation privilégiée du cautionne-ment.

51. Le cautionnement sera affecté, par privilége, aux dépens, dommages-intérêts et amendes auxquels les propriétaires ou éditeurs pourront être condamnés : le prélévement s'opèrera dans l'ordre indiqué au présent article. En cas d'insuffisance, il y aura lieu à recours solidaire sur les biens des propriétaires ou éditeurs déclarés responsables du journal ou écrit périodique, et des auteurs et rédacteurs des articles condamnés. (L. 9 juin 1819 art. 3, T. C., n. 268.)

Suspension éventuelle.

52. Les condamnations encourues devront être acquittées et le cautionnement libéré ou complété dans les quinze jours de la notification de l'arrêt; les quinze jours révolus sans que la libération ou le complètement ait été opéré, et jusqu'à ce qu'il le soit, le journal ou écrit périodique cessera de paroître. (L. 9 juin 1819, art. 4, T. C., n. 269, 284.)

Dépôt.

53. Le premier exemplaire de chaque feuille ou livraison des écrits périodiques et journaux sera, à l'instant même de son tirage, remis et déposé au parquet du procureur du Roi du lieu de l'impression. Cette remise tiendra lieu de celle qui étoit prescrite par l'article 5 de la loi du 9 juin 1819 (n. 270). *Cette formalité ne pourra ni retarder ni suspendre le départ ou la distribution du journal ou écrit périodique.* (L. 17 mars 1822, art. 2, T. C., n. 319.)

Inexécution et peines.

54. Quiconque publiera un journal ou écrit périodique sans avoir satisfait aux conditions prescrites

par les articles 1, 4, et 5 *de la loi du 9 juin* 1819
*(*n. 49, 52, 266, 269 et 270*), et par l'article ci-dessus
de la loi du* 17 *mars* 1822, sera puni correctionnellement d'un emprisonnement d'un mois à six mois,
et d'une amende de deux cents francs à douze cents
francs. (L. 9 juin 1819, art. 6, T. C., n. 271.)

———

55. Ne donnera lieu à aucune action le compte fidèle des séances publiques de la Chambre des Députés, rendu de bonne foi dans les journaux. (L. 17
mai 1819, art. 22., T. C., n. 228.)

Séances des Chambres.

56. L'infidélité et la mauvaise foi dans le compte
que rendent les journaux et écrits périodiques des
séances des Chambres et des audiences des cours et
tribunaux, seront punies d'une amende de mille
francs à six mille francs.

Compte infidèle ou offensant des séances des Chambres et des audiences des tribunaux.

En cas de récidive, ou lorsque le compte rendu
sera offensant pour l'une ou l'autre des Chambres,
ou pour l'un des Pairs ou des Députés, ou injurieux
pour la cour, le tribunal, ou l'un des magistrats,
des jurés ou des témoins, les éditeurs du journal seront, en outre, condamnés à un emprisonnement
d'un mois à trois ans.

Dans les mêmes cas, il pourra être interdit, pour
un temps limité ou pour toujours, aux propriétaires
et éditeurs du journal ou écrit périodique condamné, de rendre compte des débats législatifs ou
judiciaires. La violation de cette défense sera punie
de peines doubles de celles portées au présent article.
(L. 25 mars 1822, art. 7, T. C., n. 330.)

———

57. Les éditeurs de tout journal ou écrit périodique ne pourront rendre compte des séances secrètes des Chambres, ou de l'une d'elles, sans leur autorisation. (L. 9 juin 1819, art. 7, T. C., n. 272.)

58. Tout journal sera tenu d'insérer les publications officielles qui lui seront adressées à cet effet par le Gouvernement, le lendemain du jour de l'envoi de ces pièces, sous la seule condition du paiement des frais d'insertion. (L. 9 juin 1819, art. 8, T. C., n. 273.)

59. Les éditeurs du journal ou écrit périodique seront tenus d'insérer dans l'une des feuilles ou des livraisons qui paroîtront dans le mois du jugement ou de l'arrêt intervenu contre eux, extrait contenant les motifs et le dispositif dudit jugement ou arrêt. (L. 9 juin 1819, art. 11, T. C., n. 276.)

60. La contravention aux articles 7, 8, et 11 ci-dessus (n. 57, 58, 59, 272, 273, et 276) de la *loi du 9 juin 1819*, sera punie correctionnellement d'une amende de cent francs à mille francs. (L. 9 juin 1819, art. 12, T. C., n. 277.)

61. Les propriétaires ou éditeurs de tout journal ou écrit périodique seront tenus d'y insérer, dans les trois jours de la réception, ou dans le plus prochain numéro, s'il n'en étoit pas publié avant l'expiration des trois jours, la réponse de toute personne nommée ou désignée dans le journal ou écrit périodique, sous peine d'une amende de cinquante francs à cinq cents francs, sans préjudice des autres peines

---

Marginalia:

Compte non autorisé des séances des Chambres.

Publications officielles.

Motifs et dispositifs des condamnations.

Inexécution et peines.

Réponses à des incriminations.

et dommages-intérêts auxquels l'article incriminé pourroit donner lieu. Cette insertion sera gratuite, et la réponse pourra avoir le double de la longueur de l'article auquel elle sera faite. (L. 25 mars 1822, art. 11, T. C., n. 334.)

62. Dans le cas où l'esprit d'un journal ou écrit périodique, résultant d'une succession d'articles, seroit de nature à porter atteinte à la paix publique, au respect dû à la religion de l'État ou aux autres religions légalement reconnues en France, à l'autorité du Roi, à la stabilité des institutions constitutionnelles, à l'inviolabilité des ventes des domaines nationaux, et à la tranquille possession de ces biens, les cours royales dans le ressort desquelles ils seront établis pourront, en audience solennelle de deux chambres, et après avoir entendu le procureur-général et les parties, prononcer la suspension du journal ou écrit périodique pendant un temps qui ne pourra excéder un mois pour la première fois et trois mois pour la seconde. Après ces deux suspensions, et en cas de nouvelle récidive, la suppression définitive pourra être ordonnée. (L. 17 mars 1822, art. 3, T. C., n. 320.)

Succession d'articles rédigés dans un esprit coupable.

63. Si, dans l'intervalle des sessions des Chambres, des circonstances graves rendoient momentanément insuffisantes les mesures de garantie et de répression établies, les lois des 31 mars 1820, n. 289, et 26 juillet

Rétablissement éventuel de la censure.

1821, n. 314, pourront être remises immédiatement en vigueur, en vertu d'une ordonnance du Roi délibérée en conseil et contre-signée par trois ministres.

Cette disposition cessera de plein droit un mois après l'ouverture de la session des Chambres, si, pendant ce délai, elle n'a pas été convertie en loi.

Elle cessera pareillement de plein droit le jour où seroit publiée une ordonnance qui prononceroit la dissolution de la Chambre des Députés. (L. 17 mars 1822, art. 4, T. C., n. 321.)

Infractions aux lois et réglements sur la police de la presse.

Brevet et serment de l'imprimeur. 64. Nul ne sera imprimeur ni libraire s'il n'est breveté par le Roi, et assermenté. (L. 21 octobre 1814, art. 11, T. C., n. 178, 191, 204.)

Inexécution et peines. 65. Le brevet pourra être retiré à tout imprimeur ou libraire qui aura été convaincu, par un jugement, de contravention aux lois et réglements. (L. 21 octobre 1814, art. 12, T. C., n. 179, 191, 204.)

Imprimerie clandestine. 66. Les imprimeries clandestines seront détruites, et les possesseurs et dépositaires punis d'une amende de dix mille francs et d'un emprisonnement de six mois.

Sera réputée *clandestine* toute imprimerie non déclarée *au ministère de l'intérieur*, et pour laquelle il n'aura pas été obtenu de permission. (L. 21 octobre 1814, art. 13, T. C., n. 180.)

———

67. Nul imprimeur ne pourra imprimer un écrit avant d'avoir déclaré qu'il se propose de l'imprimer, ni le mettre en vente ou le publier, de quelque manière que ce soit, avant d'avoir déposé le nombre prescrit d'exemplaires, savoir : à Paris, au secrétariat *du ministère de l'intérieur*; et dans les départements, au secrétariat de la préfecture. (L. 21 octobre 1814, art. 14, T. C., n. 181, 192, 193, 194, 195, 196, 198, 199, 205.)

Déclaration et dépôt.

———

68. Il y a lieu à saisie et séquestre d'un ouvrage,

1° Si l'imprimeur ne représente pas les récépissés de la déclaration et du dépôt ordonnés en l'article précédent;

2° Si chaque exemplaire ne porte pas le vrai nom et la vraie demeure de l'imprimeur;

3° Si l'ouvrage est déféré aux tribunaux pour son contenu. (L. 21 octobre 1814, art. 15, T. C., n. 182.)

Séquestre.

69. Les exemplaires saisis par simple contravention à la loi *du* 21 *octobre* 1814 seront restitués après le paiement des amendes. (L. 21 octobre 1814, art. 18, T. C. n. 185.)

Restitution des ouvrages séquestrés.

———

70. Le défaut de déclaration avant l'impression, et

Défaut de déclaration et de dépôt.

le défaut de dépôt avant la publication, constatés comme il est dit en l'article précédent, seront punis chacun d'une amende de mille francs pour la première fois, et de deux mille francs pour la seconde. (L. 21 octobre 1814, art. 16, T. C., n. 183.)

Non indication et indication fausse de nom et de demeure.

71. Le défaut d'indication, de la part de l'imprimeur, de son nom et de sa demeure, sera puni d'une amende de trois mille francs. L'indication d'un faux nom et d'une fausse demeure sera punie d'une amende de six mille francs, sans préjudice de l'emprisonnement *de six jours à six mois* prononcé par *l'art.* 283 du Code pénal, n. 73, 354. (L. 21 octobre 1814, art. 17, T. C. n. 184.)

Possession ou distribution d'ouvrages sans nom d'imprimeur.

72. Tout libraire chez qui il sera trouvé, ou qui sera convaincu d'avoir mis en vente ou distribué un ouvrage sans nom d'imprimeur, sera condamné à une amende de deux mille francs, à moins qu'il ne prouve qu'il a été imprimé avant la promulgation de la loi *du* 21 *octobre* 1814. L'amende sera réduite à mille fr. si le libraire fait connoître l'imprimeur. (L. 21 octobre 1814, art. 19, T. C., n. 186.)

Publication d'un ouvrage avec faux nom d'auteur ou imprimeur.

73. Toute publication ou distribution d'ouvrages, écrits, avis, bulletins, affiches, journaux, feuilles périodiques, ou autres imprimés, dans lesquels ne se trouvera pas l'indication vraie des noms, profes-

sion, et demeure de l'auteur ou de l'imprimeur, sera, pour ce seul fait, punie d'un emprisonnement de six jours à six mois, contre toute personne qui aura sciemment contribué à la publication ou distribution. (Code pénal, art. 283, T. C., n. 354.)

74. Cette disposition sera réduite à des peines de simple police,

Atténuation en cas de révélation.

1° A l'égard des crieurs, afficheurs, vendeurs ou distributeurs qui auront fait connoître la personne de laquelle ils tiennent l'écrit imprimé;

2° A l'égard de quiconque aura fait connoître l'imprimeur;

3° A l'égard même de l'imprimeur qui aura fait connoître l'auteur. (Code pénal, art. 284, T. C., n. 355.)

75. Seront punies d'amende, depuis six francs jusqu'à dix francs inclusivement,

Idem.

Les personnes désignées en l'article 284 *ci-dessus*, du Code pénal. (C. P., art. 475, T. C., n. 365.)

76. Si l'écrit imprimé contient quelques provocations à des crimes ou délits, les crieurs, afficheurs, vendeurs et distributeurs, seront punis comme complices des provocateurs, à moins qu'ils n'aient fait connoître ceux dont ils tiennent l'écrit contenant la provocation.

Publication assimilée à la complicité.

En cas de révélation, ils n'encourront qu'un emprisonnement de six jours à trois mois; et la peine de complicité ne restera applicable qu'à ceux qui n'auront point fait connoître les personnes dont ils auront reçu l'écrit imprimé, et à l'imprimeur, s'il est connu. (Code pénal, art. 285, T. C., n. 356.)

77. Dans tous les cas ci-dessus, il y aura confisca-

Confiscation.

tion des exemplaires saisis. (Code pénal, art. 286, T. C., n. 357.)

78. Dans tous les cas exprimés en la section VI, *chapitre III du livre 3 du Code pénal*, et où l'auteur sera connu, il subira le *maximum* de la peine attachée à l'espèce du délit. (Code pénal, art 289, T. C., n. 360.)

———

79. Tout individu qui, sans y avoir été autorisé par la police, fera le métier de crieur ou afficheur d'écrits imprimés, dessins ou gravures, même munis des noms d'auteur, imprimeur, dessinateur ou graveur, sera puni d'un emprisonnement de six jours à deux mois. (Code pénal, art. 290, T. C., n. 361.)

———

80. Toute publication, vente ou mise en vente, exposition, distribution, sans l'autorisation préalable du Gouvernement, de dessins gravés ou lithographiés, sera, pour ce seul fait, punie d'un emprisonnement de trois jours à six mois, et d'une amende de dix fr. à cinq cents fr., sans préjudice des poursuites auxquelles pourroit donner lieu le sujet du dessin. (L. 25 mars 1822, art. 12, T. C., n. 335, 369, 370.)

———

DEUXIÈME PARTIE.

INSTRUCTION.

———

81. Dans le cas d'offense envers les Chambres ou l'une d'elles par l'un des moyens énoncés en la loi du 17 mai 1819, la Chambre offensée, sur la simple réclamation d'un de ses membres, pourra, si mieux elle n'aime autoriser les poursuites par la voie ordinaire, ordonner que le prévenu sera traduit à sa barre. Après qu'il aura été entendu ou dûment appelé, elle le condamnera, s'il y a lieu, aux peines portées par les lois. La décision sera exécutée sur l'ordre du président de la Chambre. (L. 25 mars 1822, art. 15, T. C., n. 338.) *Instruction particulière aux Chambres.*

82. Les Chambres appliqueront elles-mêmes, conformément à l'article précédent, les dispositions de l'art. 7 *de la loi du 25 mars 1822* (n. 56, 330), relatives au compte rendu par les journaux de leurs séances. *Instruction particulière aux Chambres, aux cours et tribunaux.*

Les dispositions du même article 7, relatives au compte rendu des audiences des cours et tribunaux, seront appliquées directement par les cours et tribunaux qui auront tenu ces audiences. (L. 25 mars 1822, art. 16, T. C., n. 339.)

———

83. Code d'instruction criminelle, art. 59 à 62. *Instruction ordinaire.*

———

84. Seront poursuivis devant la police correction- *Poursuites*

d'office sans qu'il y ait be- soin de plaintes préalables.

nelle et d'office, les délits commis par la voie de la presse, et les autres délits énoncés en la loi *du* 25 *mars* 1822 (n. 323), et dans celle du 17 mai 1819 (n. 206), sauf les cas prévus par les articles 15 et 16 *de la loi du* 25 *mars* 1822. (n. 81, 82, 338, 339.) (L. 25 mars 1822, art. 17, T. C., n. 340.)

Idem.

85. La poursuite des crimes et délits commis par la voie de la presse, ou par tout autre moyen de publication, aura lieu d'office et à la requête du ministère public. (L. 26 mai 1819, art. 1, T. C., n. 234.)

Écrits périodiques.

86. Dans le cas où l'esprit d'un journal ou écrit périodique, résultant d'une succession d'articles, seroit de nature à porter atteinte à la paix publique, au respect dû à la religion de l'État, ou aux autres religions légalement reconnues en France, à l'autorité du Roi, à la stabilité des institutions constitutionnelles, à l'inviolabilité des ventes des domaines nationaux et à la tranquille possession de ces biens, les cours royales dans le ressort desquelles ils seront établis pourront, en audience solennelle de deux chambres, et après avoir entendu le procureur-général et les parties, prononcer la suspension du journal ou écrit périodique pendant un temps qui ne pourra excéder un mois pour la première fois, et trois mois pour la seconde. Après ces deux suspensions, et en cas de nouvelle récidive, la suppression définitive pourra être ordonnée. (L. 17 mars 1822, art 3, T. C., n. 320.)

87. Code d'instruction criminelle, art. 63 à 70. Plaintes.

88. Seront poursuivis devant la police correction-Poursuites
d'office qui ne
nelle, et d'office, les délits commis par la voie de la peuvent avoir
lieu sans autori-
presse, et les autres délits énoncés en la loi *du 25* sation ou plain-
te préalable.
mars 1822 (n. 323), et dans celle du 17 mai 1819
(n. 206), sauf les cas prévus par les articles 15 et 16 ci-
dessus *de la loi du* 25 *mars* 1822 (n. 81, 82, 338, 339.)
Néanmoins la poursuite n'aura lieu d'office, dans le
cas prévu par l'article 12 de la loi du 17 mai 1819
(n. 14-218), et dans celui de diffamation ou d'injure contre tout agent diplomatique étranger, accrédité près du Roi, ou contre tout particulier, que sur
la plainte ou à la requête, soit du souverain ou du
chef du Gouvernement qui se croira offensé, soit de
l'agent diplomatique ou du particulier qui se croira
diffamé ou injurié. (L. 25 mars 1822, art. 17, T. C.,
n. 340.)

89. Dans le cas d'offense envers les Chambres ou Autorisation
des Chambres.
l'une d'elles, par voie de publication, la poursuite
n'aura lieu qu'autant que la Chambre qui se croira
offensée l'aura autorisée. (L. 26 mai 1819, art. 2,
T. C., n. 235.)

90. Dans le cas *d'offense* contre la personne des Requêtes
des souverains
étrangers.
souverains et celle des chefs des gouvernements
étrangers, la poursuite n'aura lieu *d'office* que sur la
plainte ou la requête du souverain ou du chef du
gouvernement qui se croira offensé. (L. 26 mai 1819,
art. 3, T. C., n. 236.)

91. Dans les cas *de diffamation ou d'injure* con-Agent
diplomatique.
tre tout agent diplomatique étranger, accrédité près
du Roi, la poursuite n'aura lieu *d'office* que sur la

plainte de la partie qui se prétendra lésée. (L. 26 mai 1819, art. 5, T. C., n. 238.)

Imprimerie. 92. Les contraventions *à la loi du* 21 *octobre* 1814 (n. 167) seront constatées par les procès-verbaux des inspecteurs de la librairie, et des commissaires de police. (L. 21 octobre 1814, art. 20, T. C., n. 187, 197, 200.)

Idem. 93. Le ministère public poursuivra d'office les contrevenants *aux dispositions de la loi précitée*, par-devant les tribunaux de police correctionnelle, sur la *dénonciation du ministre de l'intérieur et* sur la remise d'une copie des procès-verbaux. (L. 21 octobre 1814, art. 21, T. C., n. 188.)

———

Articulation et qualification. 94. La partie publique, dans son réquisitoire, ou le plaignant, dans sa plainte, seront tenus d'articuler et de qualifier les provocations, attaques, offenses, outrages, faits diffamatoires, ou injures, à raison desquels la poursuite est intentée; et ce, à peine de nullité de la poursuite. (L. du 26 mai 1819, art. 6, T. C., n. 239.)

———

Compétence. 95. Dans les cas où les formalités prescrites par les lois et réglements concernant le dépôt auront été remplies, les poursuites à la requête du ministère public ne pourront être faites que devant les juges du lieu où le dépôt aura été opéré, ou de celui de la résidence du prévenu.

En cas de contravention aux dispositions ci-dessus rappelées concernant le dépôt, les poursuites

pourront être faites soit devant le juge de la résidence du prévenu, soit dans les lieux où les écrits et
autres instruments de publication auront été saisis.

Dans tous les cas, la poursuite à la requête de la
partie plaignante pourra être portée devant les juges de son domicile, lorsque la publication y aura
été effectuée. (Loi du 26 mai 1819, art. 12, T. C.,
n. 245.)

96. Les propriétaires ou éditeurs responsables
d'un journal ou écrit périodique, ou auteurs, ou
rédacteurs d'articles imprimés dans ledit journal ou
écrit, prévenus de crimes ou délits pour fait de publication, seront poursuivis et jugés dans les formes
et suivant les distinctions prescrites à l'égard de
toutes les autres publications. (L. 9 juin 1819, article 9, T. C., n. 274.)

*Id. Écrits pé-
riodiques.*

––––––

97. Immédiatement après avoir reçu le réquisitoire ou la plainte, le juge d'instruction pourra
ordonner la saisie des écrits, imprimés, placards,
dessins, gravures, peintures, emblèmes, ou autres
instruments de publication.

L'ordre de saisir et le procès-verbal de saisie seront notifiés, dans les trois jours de ladite saisie, à
la personne entre les mains de laquelle la saisie aura
été faite, à peine de nullité. (Loi du 26 mai 1819,
art. 7, T. C., n. 240.)

Saisie.

––––––

98. Code d'instruction criminelle, art. 71 à 86.

*Audition
des témoins.*

––––––

Preuves par écrit, pièces de conviction.

99. Code d'instruction criminelle, art. 87 à 90.

Mandat.

100. Code d'instruction criminelle, art. 91 à 112.

Liberté provisoire.

101. Toute personne inculpée d'un délit commis par la voie de la presse, ou par tout autre moyen de publication, contre laquelle il aura été décerné un mandat de dépôt ou d'arrêt, obtiendra sa mise en liberté provisoire, moyennant caution. La caution à exiger de l'inculpé ne pourra être supérieure au double du *maximum* de l'amende prononcée par la loi contre le délit qui lui est imputé. (Loi du 26 mai 1819, art. 28, T. C., n. 261.)

Idem.

102. Code d'instruction criminelle, article 113 à 126.

Rapport du juge d'instruction.

103. Dans les huit jours de la notification *de l'ordre de saisir et du procès-verbal de saisie*, le juge d'instruction est tenu de faire son rapport à la chambre du conseil, qui procède ainsi qu'il est dit au Code d'instruction criminelle, livre I, chap. IX. (Loi du 26 mai 1819, art. 8, T. C., n. 241.)

Acquittement.

104. Code d'instruction criminelle, art. 128.

Idem, et mainlevée de la saisie.

105. Si la chambre du conseil est unanimement d'avis qu'il n'y a pas lieu à poursuivre, elle prononce

la main-levée de la saisie. (L. du 26 mai 1819, article 9, T. C., n. 242.)

---

106. Code d'instruction criminelle, art. 129 à 134.

Procédures ordinaires.

---

107. Sont tenues *les chambres* du conseil *des tribunaux* de première instance, dans le jugement de mise en prévention, d'articuler et de qualifier les faits à raison desquels *ladite* prévention *est prononcée*, à peine de nullité. (Loi du 26 mai 1819, art. 15, T. C., n. 248.)

Articulation et qualification.

---

108. Code d'instruction criminelle, art. 135, 136.

Pourvoi du ministère public et de la partie civile.

---

109. Dans le cas *de mise en prévention pour crime*, ou dans le cas du pourvoi du procureur du Roi, ou de la partie civile contre la décision de la chambre du conseil, les pièces sont transmises, sans délai, au procureur-général près la cour royale, qui est tenu, dans les cinq jours de la réception, de faire son rapport à la chambre des mises en accusation, laquelle est tenue de prononcer dans les trois jours dudit rapport. (L. du 26 mai 1819, art. 10, T. C., n. 243.)

Renvoi devant la chambre des mises en accusation.

---

110. A défaut par la chambre du conseil du tri-

Péremption de la saisie.

bunal de première instance d'avoir prononcé dans les dix jours de la notification du procès-verbal de saisie, la saisie sera de plein droit périmée. Tous les dépositaires des objets saisis seront tenus de les rendre au propriétaire sur la simple exhibition du certificat des greffiers respectifs, constatant qu'il n'y a pas eu d'ordonnance dans les délais ci-dessus prescrits.

Les greffiers sont tenus de délivrer ce certificat à la première réquisition, sous peine d'une amende de trois cents francs, sans préjudice des dommages-intérêts, s'il y a lieu.

Toutes les fois qu'il ne s'agira que d'un simple délit, la péremption de la saisie entraînera celle de l'action publique. (Loi du 26 mai 1819, art. 11, T. C., n. 244.)

———

Procédures en police simple. 111. Code d'instruction criminelle, art. 137 à 178.

———

Procédure en police correctionnelle, et en cas de saisie. 112. Seront poursuivis devant la police correctionnelle, et d'office, les délits commis par la voie de la presse, et les autres délits énoncés en la loi du 25 mars 1822 (n. 323), et dans celle du 17 mai 1819 (n. 206). (Loi du 25 mars 1822, art. 17, T. C., n. 340.)

Diffamation littérale. 113. Les délits de diffamation et d'injure contre toute personne, *commis par des écrits imprimés par un procédé quelconque,* seront jugés par les tribunaux de police correctionnelle, sauf les cas attribués aux tribunaux de simple police. (Loi du 26 mai 1819, art. 14, T. C., n. 247.)

114. A défaut par la chambre des mises en accusation de la cour royale d'avoir prononcé sur la saisie dans les dix jours du dépôt en son greffe de la requête que la partie saisie est autorisée à présenter à l'appui de son pourvoi, contre l'ordonnance de la chambre du conseil, la saisie sera de plein droit périmée. Péremption de la saisie et de l'action publique sur le pourvoi de la partie saisie.

Tous les dépositaires des objets saisis seront tenus de les rendre au propriétaire sur la simple exhibition du certificat des greffiers respectifs, constatant qu'il n'y a pas eu d'arrêt dans les délais ci-dessus prescrits.

Les greffiers sont tenus de délivrer ce certificat à la première réquisition, sous peine d'une amende de 300 francs, sans préjudice des dommages-intérêts s'il y a lieu.

Toutes les fois qu'il ne s'agira que d'un simple délit, la péremption de la saisie entraînera celle de l'action publique. (Loi du 26 mai 1819, art. 11, T. C., n. 244.)

115. Code d'instruction criminelle, art. 179 à 185. Procédures ordinaires.

116. Code d'instruction criminelle, art. 186. (T. C., 250.) Jugement par défaut.

117. Code d'instruction criminelle, art. 187, 188. (T. C., 251, 252.) Opposition.

118. Code d'instruction criminelle, art. 189. Procédures ordinaires.

119. Nul ne sera admis à prouver la vérité des faits diffamatoires, Exclusion de preuves.

120. Si ce n'est dans le cas d'imputation, contre des dépositaires ou agents de l'autorité, ou contre toutes personnes ayant agi dans un caractère public, Preuves particulières à la diffamation.

de faits relatifs à leurs fonctions. Dans ce cas, les faits pourront être prouvés, sauf la preuve contraire.

La preuve des faits imputés met l'auteur de l'imputation à l'abri de toute peine, sans préjudice des peines prononcées contre toute injure qui ne seroit pas nécessairement dépendante des mêmes faits. (Loi du 26 mai 1819, art. 20, T. C., n. 253, 254, 255, 256, 257, 341.)

Idem. 121. Le prévenu qui voudra être admis à prouver la vérité des faits dans le cas prévu par le précédent article devra, dans les huit jours qui suivront la notification de *sa mise en prévention, ou de son opposition,* faire signifier à *la partie lésée,*

1° Les faits articulés et qualifiés desquels il entend prouver la vérité,

2° La copie des pièces.

Le tout à peine d'être déchu de la preuve. (Loi du 26 mai 1819, art. 21, T. C., n. 253, 254, 255, 256, 257, 341.)

Idem. 122. Dans les huit jours suivants, *la partie lésée* sera tenue de faire signifier au prévenu la copie des pièces *par lesquelles* il entend faire la preuve contraire; le tout également sous peine de déchéance. (Loi du 26 mai 1819, art 22, T. C., n. 253, 254, 255, 256, 257, 341.)

Idem. 123. Le plaignant en diffamation ou injure pourra faire entendre des témoins qui attesteront sa moralité : les noms, professions et demeures de ces témoins seront notifiés au prévenu ou à son domicile un jour au moins avant l'audition.

Le prévenu ne sera point admis à faire entendre

des témoins contre la moralité du plaignant. (Loi du 26 mai 1819, art. 23, T. C., n. 253, 254, 255, 256, 257, 341.)

124. En aucun cas la preuve par témoins ne sera admise pour établir la réalité des faits injurieux ou diffamatoires. (Loi du 25 mars 1822, art. 18, T. C., n. 341.) *Exclusion de la preuve testimoniale.*

125. Code d'instruction criminelle, art. 190 à 196. *Procédures ordinaires.*

126. Tout *jugement* de condamnation contre les auteurs ou complices des délits commis par voie de publication ordonnera la suppression ou la destruction des objets saisis, ou de tous ceux qui pourront l'être ultérieurement, en tout ou en partie, suivant qu'il y aura lieu pour l'effet de la condamnation. *Destruction des instruments de publication.*

L'impression ou l'affiche *du jugement* pourront être ordonnées aux frais du condamné.

Le *jugement* sera rendu public dans la même forme que les jugements portant déclaration d'absence. (Loi du 26 mai 1819, art. 26, T. C., n. 259.)

127. Les éditeurs *d'un* journal ou écrit périodique seront tenus d'insérer dans l'une des feuilles ou des livraisons qui paroîtront dans le mois du jugement intervenu contre eux, extrait contenant les motifs et le dispositif dudit jugement. (Loi du 9 juin 1819, art. 11, T. C., n. 276.) *Dispositions particulières aux écrits périodiques.*

128. Code d'instruction criminelle, art. 197, 198. *Exécution des jugements.*

_____

129. Seront poursuivis devant la police correctionnelle, et d'office, les délits commis par la voie de *Procédure devant les tribunaux de*

police correctionnelle, hors le cas de saisie.

Diffamation verbale.

Procédure comme en cas de saisie.

Publicité du jugement.

la presse, et les autres délits énoncés en la loi du 25 mars 1822 (n. 323), et dans celle du 27 mai 1819 (n. 206). (Loi du 25 mars 1822, art. 17, T. C., n. 340.)

130. Les délits de diffamation verbale ou d'injure verbale contre toute personne seront jugés par les tribunaux de police correctionnelle, sauf les cas attribués aux tribunaux de simple police. (Loi du 26 mai 1819, art. 14, T. C., n. 247.)

131. Voir les n. 115 à 125. — 128.

132. *Par tout jugement de condamnation contre les auteurs ou complices des délits commis par voie de publication, l'impression ou l'affiche des jugements pourront être ordonnées aux frais du condamné.*

Ces jugements seront rendus publics dans la même forme que les jugements portant déclaration d'absence. (Loi du 26 mai 1819, art. 26, T. C., n. 259.)

———

Appel en cas d'écrits.

Idem.

Procédures ordinaires.

Dispositions particulières à la diffamation.

133. Code d'instruction criminelle, art. 199.

134. Les appels des jugements rendus par les tribunaux correctionnels sur des délits commis par des écrits imprimés par un procédé quelconque seront portés directement, sans distinction de la situation locale desdits tribunaux, aux cours royales pour y être jugés par la première chambre civile et la chambre correctionnelle réunies, dérogeant quant à ce aux art. 200 et 201 du Code d'instruction criminelle. (Loi du 25 mars 1822, art. 17, T. C., n. 340.)

135. Code d'instruction criminelle, art. 202 à 211.

136. Voir les n. 119, 120, 121, 122, 123, 124.

137. Tout arrêt de condamnation contre les auteurs ou complices des délits commis par voie de publication ordonnera la suppression ou la destruction des objets saisis, ou de tous ceux qui pourront l'être ultérieurement, en tout ou en partie, suivant qu'il y aura lieu pour l'effet de la condamnation.

Destruction des instruments de publication.

L'impression ou l'affiche de l'arrêt pourront être ordonnées aux frais du condamné.

Ces arrêts seront rendus publics dans la même forme que les jugements portant déclaration d'absence. (Loi du 26 mai 1819, art. 26, T. C., n. 259.)

138. Les propriétaires ou éditeurs *d'un* journal ou écrit périodique seront tenus d'insérer dans l'une des feuilles ou des livraisons qui paroîtront dans le mois de l'arrêt intervenu contre eux, extrait contenant les motifs et le dispositif dudit arrêt. (L. du 9 juin 1819, art. 11, T. C., n. 276.)

Dispositions particulières aux écrits périodiques.

139. Code d'instruction criminelle, article 212 à 216.

Procédures ordinaires.

————

140. Code d'instruction criminelle, article 199 à 201.

Appel en cas de moyens de publication autres que des écrits.

141. Les appels des jugements rendus par les tribunaux de police correctionnelle sur tous les délits prévus par la loi du 25 mars 1822 (n. 323), et par celle du 17 mai 1819 (n. 206), *et qui n'auront point été commis par la voie d'écrits*, seront jugés dans la forme ordinaire fixée par le code pour les délits correctionnels. (L. du 25 mars 1822, art. 17, T. C., n. 340.)

Idem.

142. Voir les n. 135, 136.

Procédure comme en cas d'écrits.

Destruction des instruments de publication en cas de saisie.

143. Tout arrêt, etc. Voir le n. 137. (L. du 26 mai 1819, article 26, T. C., n. 259.)

Simple publicité hors le cas de saisie.

144. Par tout arrêt de condamnation contre les auteurs ou complices des délits commis par voie de publication, l'impression ou l'affiche des arrêts pourront être ordonnées aux frais du condamné.

Ces arrêts seront rendus publics dans la même forme que les jugements portant déclaration d'absence. (L. du 26 mai 1819, art. 26, T. C., n. 259.)

Procédures ordinaires.

145. Code d'instruction criminelle, article 212 à 216.

———

Mises en accusation.

146. Code d'instruction criminelle, article 217 à 231.

Renvoi aux assises.

147. Les crimes commis par la voie de la presse ou tout autre moyen de publication seront renvoyés par la chambre des mises en accusation de la cour royale devant la cour d'assises, pour être jugés à la plus prochaine session. L'arrêt de renvoi sera de suite notifié *à l'accusé.* (Loi du 26 mai 1819, art. 13, T. C., n. 246.)

Articulation et qualification.

148. Sont tenues les chambres des mises en accusation des cours royales, dans l'arrêt de renvoi devant la cour d'assises, d'articuler et de qualifier les faits à raison desquels ledit renvoi a été prononcé, à peine de nullité dudit arrêt. (L. du 26 mai 1819, article 15, T. C., n. 248.)

Péremption de la saisie.

149. A défaut, etc. Voir le n. 114. (L. du 26 mai 1819, art. 11, T. C., n. 244.)

150. Code d'instruction criminelle, article 232, à 250. Procédures ordinaires.

————

151. Code d'instruction criminelle, article 251 à 340. Instruction aux assises.

152. Tout arrêt de condamnation contre les auteurs ou complices des crimes, etc. Voir le n. 137. (Loi du 26 mai 1819, art. 26, T. C., n. 259.) Destruction des instruments de publication.

153. Les propriétaires ou éditeurs *d'un* journal, etc. Voir le n. 138. (L. du 9 juin 1819, art. 11, T. C., n. 276.) Dispositions particulières aux écrits périodiques.

154. Code d'instruction criminelle, article 341 à 406. Procédures ordinaires.

————

155. Lorsque la mise en accusation aura été prononcée pour crimes commis par voie de publication, et que l'accusé n'aura pu être saisi, ou qu'il ne se présentera pas, il sera procédé contre lui ainsi qu'il est prescrit au livre 2, titre 4, du Code d'instruction criminelle, chapitre *des contumaces*, art. 465 à 478. (Loi du 26 mai 1819, art. 16, T. C., n. 249.) Contumace.

————

156. Lorsque les faits imputés seront punissables selon la loi, et qu'il y aura des poursuites commencées à la requête du ministère public, ou que l'auteur de l'imputation aura dénoncé ces faits, il sera, durant l'instruction, sursis à la poursuite et au jugement du délit de diffamation. (L. du 26 mai 1819, art. 25, T. C., n. 258.) Sursis à toute espèce d'instruction.

————

Prescription.

157. L'action publique contre les crimes et délits commis par la voie de la presse, ou tout autre moyen de publication, se prescrira par six mois révolus, à compter du fait de publication qui donnera lieu à la poursuite.

Pour faire courir cette prescription de six mois, la publication d'un écrit devra être précédée du dépôt et de la déclaration que l'éditeur entend le publier.

S'il a été fait, dans cet intervalle, un acte de poursuite ou d'instruction, l'action publique ne se prescrira qu'après un an, à compter du dernier acte, à l'égard même des personnes qui ne seroient pas impliquées dans ces actes d'instruction ou de poursuite.

Néanmoins, dans le cas d'offense envers les Chambres, le délai ne courra pas dans l'intervalle de leurs sessions.

L'action civile ne se prescrira, dans tous les cas, que par la révolution de trois années, à compter du fait de la publication. (L. du 26 mai 1819, art. 29, T. C., n. 262.)

Prescription particulière aux écrits périodiques.

158. Les poursuites auxquelles pourront donner lieu les contraventions aux articles 7, 8, et 11 de la loi *du* 9 *juin* 1819 (n. 57, 58, 59, 272, 273, 276), se prescriront par le laps de trois mois, à compter de la contravention, ou de l'interruption des poursuites, s'il y en a de commencées en temps utile. (L. du 9 juin, art. 13, T. C., n. 278.)

TROISIÈME PARTIE.

DISPOSITIONS DIVERSES.

159. Les délits commis par la voie de la presse ou par tout autre moyen de publication, et qui ne seroient point encore jugés, le seront suivant les formes prescrites par la loi *du 26 mai* 1819 (n. 233). (L. du 26 mai 1819, art. 30, T. C., n. 263.)

160. Les articles 102, 217, 367, 368, 369, 370, 371, 372, 374, 375, 377 du Code pénal, et la loi du 9 novembre 1815, sont abrogés.

Toutes les autres dispositions du Code pénal auxquelles il n'est pas dérogé par la *loi du 26 mai* 1819 *et celles des* 17 *et* 25 *mars* 1822, continueront d'être exécutées. (L. du 17 mai 1819, art. 26, T. C., n. 232.)

161. La loi du 28 février 1817 est abrogée.

Les dispositions du Code d'instruction criminelle auxquelles il n'est pas dérogé par la loi du 26 mai 1819 et *celles des* 17 et 25 *mars* 1822 continueront d'être exécutées. (L. du 26 mai 1819, art. 31, T. C., n. 264.)

162. Les dispositions des lois antérieures auxquelles il n'est pas dérogé par la *loi du* 17 *mars* 1822 continueront d'être exécutées. (L. du 17 mars 1822, art. 5, T. C., n. 322.)

TEXTE

PAR ORDRE CHRONOLOGIQUE

DE LA LÉGISLATION

SUR LA RÉPRESSION, LA POURSUITE, ET LE JUGEMENT
DES INFRACTIONS COMMISES PAR LA VOIE DE LA PRESSE,
OU PAR TOUS AUTRES MOYENS DE PUBLICATION *.

CHARTE CONSTITUTIONNELLE.   163.

N° 17 DE LA CINQUIÈME SÉRIE DU BULLETIN DES LOIS.

---

5. Chacun professe sa religion avec une égale li- 164.
berté et obtient pour son culte la même protection.

8. Les François ont le droit de publier et de faire 165.
imprimer leurs opinions, en se conformant aux
lois qui doivent réprimer les abus de cette liberté.

9. Toutes les propriétés sont inviolables, sans au- 166.
cune exception de celles qu'on appelle *nationales*,
la loi ne mettant aucune différence entre elles.

---

* Les dispositions qui sont abrogées ou modifiées sont imprimées en caractères italiques.

164. Concordance, n. 15. — 165. Con., n. 1.—166. Con. n. 15.

167. Loi *du 21 octobre 1814 sur la liberté de là presse, n. 47 de la cinquième série du Bulletin des lois.*

TITRE Ier.

De la publication des ouvrages.

168.   Art. 1. *Tout écrit de plus de vingt feuilles d'impression pourra être publié librement et sans examen ou censure préalable.*

2. *Il en sera de même, quel que soit le nombre de feuilles,*

1° *Des écrits en langues mortes et en langues étrangères;*

169.   2° *Des mandements, lettres pastorales, catéchismes, et livres de prières;*

3° *Des mémoires sur procès, signés d'un avocat ou d'un avoué près les cours et tribunaux;*

4° *Des mémoires des sociétés littéraires et savantes établies ou reconnues par le Roi;*

5° *Des opinions des membres des deux Chambres.*

170.   3. *A l'égard des écrits de vingt feuilles et au-dessous non désignés en l'article précédent, le directeur-général de la librairie à Paris, et les préfets dans les départements, pourront ordonner, selon les circonstances, qu'ils soient communiqués avant l'impression.*

171.   4. *Le directeur-général de la librairie fera examiner par un ou plusieurs censeurs, choisis entre ceux que le Roi aura nommés, les écrits dont il aura requis la communication, et ceux que les préfets lui auront adressés.*

172.   5. *Si deux censeurs au moins jugent que l'écrit est*

un libelle diffamatoire, ou qu'il peut troubler la tran-
quillité publique, ou qu'il est contraire à la Charte
constitutionnelle, ou qu'il blesse les bonnes mœurs, le
directeur-général de la librairie pourra ordonner qu'il
soit sursis à l'impression.

6. Il sera formé, au commencement de chaque ses- 173.
sion des deux Chambres, une commission composée de
trois Pairs, trois Députés des départements, élus par
leur Chambre respective, et trois commissaires du Roi.

7. Le directeur-général de la librairie rendra compte 174.
à cette commission des sursis qu'il aura ordonnés depuis
la fin de la session précédente, et il mettra sous ses yeux
l'avis des censeurs.

8. Si la commission estime que les motifs d'un sursis 175.
sont insuffisants, ou qu'ils ne subsistent plus, il sera levé
par le directeur de la librairie.

9. Les journaux et écrits périodiques ne pourront 176.
paroître qu'avec l'autorisation du Roi.

10. Les auteurs et imprimeurs pourront requérir, 177.
avant la publication d'un écrit, qu'il soit examiné en la
forme prescrite par l'article 4 : s'il est approuvé, l'auteur
et l'imprimeur sont déchargés de toute responsabilité,
si ce n'est envers les particuliers lésés.

TITRE II.

De la police de la presse.

11. Nul ne sera imprimeur ni libraire s'il n'est 178.
breveté par le Roi, et assermenté.

178. Con., n. 64, T. C., 191, 204.

179. 12. Le brevet pourra être retiré à tout imprimeur ou libraire qui aura été convaincu, par un jugement, de contravention aux lois et règlements.

180. 13. Les imprimeries clandestines seront détruites, et les possesseurs et dépositaires punis d'une amende de dix mille francs et d'un emprisonnement de six mois.

Sera réputée *clandestine* toute imprimerie non déclarée *à la direction générale de la librairie*, et pour laquelle il n'aura pas été obtenu de permission.

181. 14. Nul imprimeur ne pourra imprimer un écrit avant d'avoir déclaré qu'il se propose de l'imprimer, ni le mettre en vente ou le publier, de quelque manière que ce soit, avant d'avoir déposé le nombre prescrit d'exemplaires; savoir, à Paris, au *secrétariat de la direction générale*; et dans les départements, au secrétariat de la préfecture.

182. 15. Il y a lieu à saisie et séquestre d'un ouvrage,

1° Si l'imprimeur ne représente pas les récépissés de la déclaration et du dépôt ordonnés en l'article précédent;

2° Si chaque exemplaire ne porte pas le vrai nom et la vraie demeure de l'imprimeur;

3° Si l'ouvrage est déféré aux tribunaux pour son contenu.

183. 16. Le défaut de déclaration avant l'impression, et le défaut de dépôt avant la publication, constatés comme il est dit en l'article précédent, seront

179. Con. n. 65, T. C., n. 191, et 204. — 180. Con., n. 66. — 181. Con., n. 67, T. C., n. 192, 193, 194, 195, 196, 198, 199, 205, 369. — 182. Con., n. 68. — 183. Con., n. 70.

punis, chacun, d'une amende de mille francs pour
la première fois, et de deux mille francs pour la
seconde.

17. Le défaut d'indication, de la part de l'impri- 184.
meur, de son nom et de sa demeure sera puni d'une
amende de trois mille francs. L'indication d'un faux
nom et d'une fausse demeure sera punie d'une
amende de six mille francs, sans préjudice de l'emprisonnement prononcé par le Code pénal.

18. Les exemplaires saisis par simple contraven- 185.
tion à la présente loi seront restitués après le paiement des amendes.

19. Tout libraire chez qui il sera trouvé, ou qui 186.
sera convaincu d'avoir mis en vente ou distribué un
ouvrage sans nom d'imprimeur, sera condamné à
une amende de deux mille francs, à moins qu'il ne
prouve qu'il a été imprimé avant la promulgation
de la présente loi. L'amende sera réduite à mille
francs si le libraire fait connoître l'imprimeur.

20. Les contraventions seront constatées par les 187.
procès-verbaux des inspecteurs de la librairie, et
des commissaires de police.

21. Le ministère public poursuivra d'office les 188.
contrevenants par-devant les tribunaux de police
correctionnelle, sur la dénonciation du *directeur-
général de la librairie* et la remise d'une copie des
procès-verbaux.

22. Les dispositions du titre 1 cesseront d'avoir 189.
leur effet à la fin de la session de 1816, à moins

184. Con., n. 71.—185. Con., n. 69.—186. Con., n. 72.
187. Con., n. 92, T. C., 197, 200.—188. Con., n. 93.

qu'elles n'aient été renouvelées par une loi, si les circonstances le faisoient juger nécessaire.

----

190. ORDONNANCE *du 24 octobre 1814 sur l'impression, le dépôt et la publication des ouvrages, etc., n. 48 de la cinquième série du Bulletin des lois.*

191. Art. 1. Les brevets d'imprimeur et de libraire délivrés jusqu'à ce jour sont confirmés : les conditions auxquelles il en sera délivré à l'avenir seront déterminées par un nouveau réglement.

192. 2. Chaque imprimeur sera tenu, conformément aux réglements, d'avoir un livre coté et paraphé par le maire de la ville où il réside, où il inscrira par ordre de dates, et avec une série de numéros, le titre littéral de tous les ouvrages qu'il se propose d'imprimer, le nombre des feuilles, des volumes, et des exemplaires, et le format de l'édition. Ce livre sera représenté, à toute réquisition, aux inspecteurs de la librairie et aux commissaires de police, et visé par eux s'ils le jugent convenable.

La déclaration prescrite par l'article 14 de la loi du 21 octobre 1814 sera conforme à l'inscription portée au livre.

193. 3. Les dispositions dudit article s'appliquent aux estampes et aux planches gravées accompagnées d'un texte.

191. Con., n. 64, 65, T. C., n. 178, 179, 204. — 192. Con., n. 67, T. C., n. 181, 205. — 193. Con., n. 67, T. C., n. 181, 205.
194. Con., 67, T. C., n. 181, 205.

4. Le nombre d'exemplaires qui doivent être déposés, ainsi qu'il est dit au même article, reste fixé à cinq, lesquels seront répartis ainsi qu'il suit : un pour notre bibliothéque, un pour notre amé et féal chevalier le chancelier de France, un pour notre ministre secrétaire d'état au département de l'intérieur, *un pour le directeur-général de la librairie, et le cinquième pour le censeur qui aura été ou qui sera chargé d'examiner l'ouvrage.* 194.

5. *Si un écrit a été examiné sur la réquisition de l'auteur ou de l'imprimeur, et qu'il soit approuvé, il leur sera délivré un procès-verbal d'approbation; et la remise de ce procès-verbal les déchargera de toute responsabilité, si ce n'est envers les particuliers lésés, conformément à l'article 10.* 195.

6. *Si l'examen d'un écrit n'a eu lieu que par ordre du directeur-général de la librairie ou du préfet du département, la permission d'imprimer pourra être donnée sans approbation; et, en ce cas, elle sera seulement constatée par la délivrance du récépissé de la déclaration.* 196.

7. En exécution de l'article 20, les commissaires de police rechercheront et constateront d'office toutes les contraventions, et ils seront tenus aussi de déférer à toutes les réquisitions qui leur seront adressées à cet effet par les préfets, sous-préfets et maires, et par les inspecteurs de la librairie. Ils enverront dans les vingt-quatre heures tous les procès- 197.

---

194. Con., 67, T. C., 181, 205 — 195. Con., 67, T. C., 181, 205.— 196. Con., n. 67, T. C. 181, 205, 312, 369. — 197. Con., 92, T. C., 187, 200.

4

verbaux qu'ils auront dressés, *à Paris, au directeur-général de la librairie*, et dans les départements *aux préfets, qui les feront passer sur-le-champ au directeur général, seul chargé par l'article 21 de dénoncer les contrevenants aux tribunaux.*

198. 8. Le nombre d'épreuves des estampes et planches gravées, sans texte, qui doivent être déposées pour notre bibliothèque, reste fixé à deux, dont une avant la lettre, ou en couleur, s'il en a été tiré ou imprimé de cette espèce.

Il sera déposé en outre trois épreuves, dont une pour notre amé et féal chevalier le chancelier de France, une pour notre ministre sécretaire-d'état au département de l'intérieur, *et la troisième pour le directeur-général de la librairie.*

199. 9. Le dépôt ordonné en l'article précédent sera fait, *à Paris, au secrétariat de la direction générale*; et dans les départements, au secrétariat de la préfecture. Le récépissé détaillé qui en sera délivré à l'auteur formera son titre de propriété, conformément aux dispositions de la loi du 19 juillet 1793.

200. 10. Toute estampe ou planche gravée, publiée ou mise en vente avant le dépôt de cinq épreuves constaté par le récépissé, sera saisie par les inspecteurs de la librairie et les commissaires de police, qui en dresseront procès-verbal.

201. 11. Il est défendu de publier aucune estampe

---

198. Con., 67, T. C., 181, 205.—199. Con., 67, T. C., 181, 203, 369.

200. Con., 92, T. C., 187.—201. Con., n. 4, 5, 8, T. C., 358, 359, 360, 365, 366.

et gravure diffamatoire ou contraire aux bonnes
mœurs, sous la peine prononcée par le Code pénal.

12. Conformément aux dispositions de l'art. 12 202.
de l'arrêt du conseil du 16 avril 1785, et à l'art. 3
du décret du 14 octobre 1811, il est défendu à tous
auteurs et éditeurs de journaux, affiches et feuilles
périodiques, tant à Paris que dans les départements,
sous peine de déchéance de l'autorisation qu'ils auroient obtenue, d'annoncer aucun ouvrage imprimé ou gravé, si ce n'est après qu'il aura été an-
noncé par le journal de la librairie.

ORDONNANCE *du 8 octobre 1817 sur les impressions* 203.
lithographiques, n. 177 de la septième série du Bulle-
tin des lois.

Art. 1. Nul ne sera imprimeur lithographe, s'il 204.
n'est breveté et assermenté.

2. Toutes les impressions lithographiques seront 205.
soumises à la déclaration et au dépôt avant la publication, comme tous les autres ouvrages d'imprimerie.

Notre ministre secrétaire-d'état au département
de la police générale est chargé de l'exécution de la
présente ordonnance.

204. Con., 64, 65, T. C., 178, 179, 191.—205. Con., 67, T. C.,
181, 192, 193, 194, 195, 196, 198, 199.

206. Loi *du 17 mai 1819 sur la répression des crimes et délits commis par la voie de la presse, ou par tout autre moyen de publication, n. 278 de la 7me série du Bulletin des lois.*

CHAPITRE Ier.

De la provocation publique aux crimes et délits.

207. ART. 1. Quiconque, soit par des discours, des cris ou menaces proférés dans des lieux ou réunions publics, soit par des écrits, des imprimés, des dessins, des gravures, des peintures ou emblèmes vendus ou distribués, mis en vente, ou exposés dans des lieux ou réunions publics, soit par des placards et affiches exposés aux regards du public, aura provoqué l'auteur ou les auteurs de toute action qualifiée crime ou délit à la commettre, sera réputé complice et puni comme tel.

208. 2. Quiconque aura, par l'un des moyens énoncés

207. Par l'article 26 de la loi du 17 mai 1819 (n. 260 et 132) ont été abrogés, 1° l'article 102 du Code pénal, relatif à la provocation publique par la voie du discours ou de la presse aux crimes et délits contre la sûreté intérieure ou extérieure de l'État; 2° l'article 217 du même Code, relatif au même genre de provocation aux crimes et aux délits de rébellion.

Le chapitre 1 de la loi du 17 mai 1819 a étendu ce genre de complicité à tous les crimes et délits, même aux tentatives de crimes, lorsqu'elles ont les caractères prévus par l'article 2 du Code pénal. Ce chapitre a ainsi augmenté le livre 2 de ce Code, en sorte qu'en dernière analyse, l'art. 1 de la loi du 17 mai 1819 n'est qu'un paragraphe à intercaler entre le 1er et le 2° paragraphe de l'article 60 du Code pénal, (n. 348), Con., n. 1 et 31.

208. L'article 26 de la loi du 17 mai 1819 (n. 160 et 232) porte

en l'article 1, provoqué à commettre un ou plusieurs crimes, sans que ladite provocation ait été suivie d'aucun effet, sera puni d'un emprisonnement qui ne pourra être de moins de trois mois, ni excéder cinq années, et d'une amende qui ne pourra être au-dessous de cinquante francs, ni excéder six mille francs.

3. Quiconque aura, par l'un des mêmes moyens, 209. provoqué à commettre un ou plusieurs délits, sans que ladite provocation ait été suivie d'aucun effet, sera puni d'un emprisonnement de trois jours à deux années, et d'une amende de trente francs à quatre mille francs, ou de l'une de ces deux peines seulement, selon les circonstances, sauf les cas dans lesquels là loi prononceroit une peine moins grave contre l'auteur même du délit, laquelle sera alors appliquée au provocateur.

4. *Sera réputée provocation au crime, et punie des* 210. *peines portées par l'article 2, toute attaque formelle par l'un des moyens énoncés en l'article 1, soit contre l'inviolabilité de la personne du Roi, soit contre l'ordre de successibilité au trône, soit contre l'autorité constitutionnelle du Roi et des Chambres.*

que toutes les dispositions du Code pénal auxquelles il n'est pas dérogé par cette loi continueront d'être exécutées : toutes les fois donc qu'il s'agit de provocation aux crimes et aux délits contre la sûreté intérieure ou extérieure de l'État, le renvoi sous la surveillance spéciale de la haute police doit être ajouté aux peines portées par la loi du 17 mai 1819, Con. n. 34.

209. Même observation qu'au numéro précédent, Con., n. 35.

210. Cet article est abrogé et remplacé par l'article 2 de la loi du 25 mars 1822 (n. 9 et 325).

211.   5. *Seront réputés provocation au délit et punis des peines portées par l'article 3,*

    1° *Tous cris séditieux publiquement proférés, autres que ceux qui rentreroient dans la disposition de l'article 4 ;*

    2° *L'enlèvement ou la dégradation des signes publics de l'autorité royale, opérés par haine ou mépris de cette autorité;*

    3° *Le port public de tous signes extérieurs de ralliement non autorisés par le Roi ou par des règlements de police;*

    4° *L'attaque formelle, par l'un des moyens énoncés en l'article 1, des droits garantis par les articles 5 et 9 de la Charte constitutionnelle.*

212.   6. La provocation, par l'un des mêmes moyens, à la désobéissance aux lois sera également punie des peines portées en l'article 3.

213.   7. Il n'est point dérogé aux lois qui punissent la provocation et la complicité résultant de tous actes autres que les faits de publication prévus par la présente loi.

CHAPITRE II.

Des outrages à la morale publique et religieuse, ou aux bonnes mœurs.

214.   8. Tout outrage à la morale publique et religieuse, ou aux bonnes mœurs, par l'un des moyens

---

211. Cet article est remplacé par les articles 3, 8 et 9 de la loi du 25 mars 1822 (n. 15, 16, 17, 326, 331, 332.)

212. Con., n. 18. — 213. Con., n. 32.

214. L'article 1 de la loi du 25 mars 1822 (n. 2 et 324) n'est

énoncés en l'article 1, sera puni d'un emprisonnement d'un mois à un an, et d'une amende de seize
francs à cinq cents francs.

CHAPITRE III.

Des offenses publiques envers la personne du Roi.

9. Quiconque, par l'un des moyens énoncés en 215.
l'article 1 de la présente loi, se sera rendu coupable
d'offenses envers la personne du Roi, sera puni d'un
emprisonnement qui ne pourra être de moins de
six mois, ni excéder cinq années, et d'une amende
qui ne pourra être au-dessous de cinq cents francs,
ni excéder dix mille francs.

Le coupable pourra, en outre, être interdit de
tout ou partie des droits mentionnés en l'article 42
du Code pénal, pendant un temps égal à celui de
l'emprisonnement auquel il aura été condamné : ce
temps courra à compter du jour où le coupable
aura subi sa peine.

CHAPITRE IV.

Des offenses publiques envers les membres de la Famille
royale, les Chambres, les souverains et les chefs des
gouvernements étrangers.

10. L'offense, par l'un des moyens énoncés en 216.

qu'une extension importante de ces mots, *morale religieuse*, qui
n'en subsistent pas moins dans toute leur force pour les infractions
d'un ordre moins grave que celles que le législateur a eues en vue
dans la nouvelle loi, Con., n. 3.

215. Con., n. 11, T. C., n. 343. — 216. Con., n. 12.

l'art. 1; envers les membres de la Famille royale, sera punie d'un emprisonnement d'un mois à trois ans, et d'une amende de cent francs à cinq mille francs.

217. 11. L'offense, par l'un des mêmes moyens, envers les Chambres ou l'une d'elles, sera punie d'un emprisonnement d'un mois à trois ans, et d'une amende de cent francs à cinq mille francs.

218. 12. L'offense, par l'un des mêmes moyens, envers la personne des souverains ou envers celle des chefs des gouvernements étrangers, sera punie d'un emprisonnement d'un mois à trois ans, et d'une amende de cent francs à cinq mille francs.

CHAPITRE V.
De la diffamation et de l'injure publiques.

219. 13. Toute allégation ou imputation d'un fait qui porte atteinte à l'honneur ou à la considération de la personne ou du corps auquel le fait est imputé, est une diffamation.

Toute expression outrageante, terme de mépris ou invective, qui ne renferme l'imputation d'aucun fait, est une injure.

220. 14. La diffamation et l'injure commises par l'un des moyens énoncés en l'article 1 de la présente loi, seront punies d'après les distinctions suivantes.

221. 15. *La diffamation ou l'injure envers les cours,*

217. Con., n. 13. — 218. Con., n. 14. — 219. Con., n. 21. — 220. Con., n. 22.

221. Cet article est remplacé par l'article 5 de la loi du 25 mars 1822, (n. 23; 328.)

tribunaux ou autres corps constitués, sera punie d'un
emprisonnement de quinze jours à deux ans, et d'une
amende de cinquante francs à quatre mille francs.

16. La diffamation envers tout dépositaire ou 222.
agent de l'autorité publique, pour des faits relatifs à
ses fonctions, sera punie d'un emprisonnement de
huit jours à dix-huit mois, et d'une amende de cinquante francs à trois mille francs.

L'emprisonnement et l'amende pourront, dans
ce cas, être infligés cumulativement ou séparément,
selon les circonstances.

17. La diffamation envers les ambassadeurs, mi- 223.
nistres plénipotentiaires, envoyés, chargés d'affaires
ou autres agents diplomatiques accrédités près du
Roi, sera punie d'un emprisonnement de huit jours
à dix-huit mois, et d'une amende de cinquante francs
à trois mille francs, ou de l'une de ces deux peines
seulement, selon les circonstances.

222. Le dépositaire ou l'agent de l'autorité publique peut être diffamé, ou comme homme public, ou comme homme privé :

Comme homme public, si les faits qui lui sont imputés sont relatifs à ses fonctions, et alors l'article 16 est applicable ;

Comme homme privé, si les faits qui lui sont imputés sont étrangers à ses fonctions, et alors l'article 18 (n. 25, 223) est applicable.

Cette distinction, quoique moins importante maintenant qu'elle
ne l'étoit avant la loi du 25 mars 1822, ne doit cependant pas
être perdue de vue, parceque, dans le premier cas, la poursuite a
lieu d'office et la preuve littérale des faits est admise ; tandis que,
dans le second cas, la poursuite ne peut avoir lieu d'office que sur
la plainte de la partie lésée, et qu'aucune preuve n'est admissible.

Cette observation se lie essentiellement à celles qui se trouvent
sous les n. 253, 254, 255, 256, 257, 341, Con., n. 24.

223. Con., n. 25.

224.   18. La diffamation envers les particuliers sera punie d'un emprisonnement de cinq jours à un an, et d'une amende de vingt-cinq francs à deux mille francs, ou de l'une de ces deux peines seulement, selon les circonstances.

225.   19. L'injure contre les personnes désignées par les articles 16 et 17 de la présente loi sera punie d'un emprisonnement de cinq jours à un an, et d'une amende de vingt-cinq francs à deux mille francs, ou de l'une de ces deux peines seulement, selon les circonstances.

L'injure contre les particuliers sera punie d'une amende de seize francs à cinq cents francs.

226.   20. Néanmoins l'injure qui ne renfermeroit pas l'imputation d'un vice déterminé, ou qui ne seroit pas publique, continuera d'être punie des peines de simple police.

CHAPITRE VI.

Dispositions générales.

227.   21. Ne donneront ouverture à aucune action, les discours tenus dans le sein de l'une des deux Chambres, ainsi que les rapports ou toutes autres pièces imprimés par ordre de l'une des deux Chambres.

228.   22. Ne donnera lieu à aucune action, le compte fidèle des séances publiques de la Chambre des Députés, rendu de bonne foi dans les journaux.

224. Voir l'observation qui se trouve au n. 222, Con., n. 26.
225. Con., n. 28. — 226. Con., 29. — 227. Con., n. 46. — 228. Con., n. 55.

23. Ne donneront lieu à aucune action en diffa- 229.
mation ou injure, les discours prononcés ou les
écrits produits devant les tribunaux : pourront,
néanmoins, les juges saisis de la cause, en statuant
sur le fond, prononcer la suppression des écrits injurieux ou diffamatoires, et condamner qui il appartiendra en des dommages-intérêts.

Les juges pourront aussi, dans le même cas, faire
des injonctions aux avocats et officiers ministériels,
ou même les suspendre de leurs fonctions.

La durée de cette suspension ne pourra excéder
six mois ; en cas de récidive, elle sera d'un an au
moins et de cinq ans au plus.

Pourront, toutefois, les faits diffamatoires étrangers à la cause, donner ouverture, soit à l'action publique, soit à l'action civile des parties, lorsqu'elle
leur aura été réservée par les tribunaux, et, dans
tous les cas, à l'action civile des tiers.

24. Les imprimeurs d'écrits dont les auteurs se- 230.
roient mis en jugement en vertu de la présente loi,

229. Les injonctions, les suspensions, dont il est parlé en cet
article, n'apportent aucune modification aux lois et règlements par
suite desquels les conseils de discipline, les tribunaux, les cours,
le ministre de la justice, peuvent prononcer des avertissements, la
réprimande, la censure, la suspension, l'interdiction, la radiation,
ou l'exclusion du tableau contre les avocats et les officiers ministériels, notamment en vertu du décret du 14 décembre 1810, inséré
au n. 332 de la quatrième série du Bulletin des lois, Con., n. 27.

230. Les obligations de l'imprimeur sont déterminées par le
titre 2 de la loi du 21 octobre 1814, et par l'ordonnance du 24 du
même mois, rapportés sous les n. 167 et 190. Il suffit de rappeler
ici que les devoirs essentiels de l'imprimeur sont,

1° D'être breveté et assermenté ;

et qui auroient rempli les obligations prescrites par
le titre II de la loi du 21 octobre 1814, ne pourront
être recherchés pour le simple fait d'impression de
ces écrits, à moins qu'ils n'aient agi sciemment,
ainsi qu'il est dit à l'article 60 du Code pénal qui
définit la complicité.

231. 25. En cas de récidive des crimes et délits prévus
par la présente loi, il pourra y avoir lieu à l'aggravation des peines prononcées par le chapitre IV,
livre Ier du Code pénal.

232. 26. Les articles 102, 217, 367, 368, 369, 370,
371, 372, 374, 375, 377, du Code pénal, et la loi
du 9 novembre 1815, sont abrogés.

Toutes les autres dispositions du Code pénal
auxquelles il n'est pas dérogé par la présente loi
continueront d'être exécutées.

233. Loi *du 26 mai 1819 sur la poursuite et le jugement
des crimes et délits commis par la voie de la presse,
ou par tout autre moyen de publication, n. 280 de
la 7me série du Bulletin des lois.*

234. ART. 1. La poursuite des crimes et délits commis
par la voie de la presse, ou par tout autre moyen
de publication, aura lieu d'office et à la requête du
ministère public, *sous les modifications suivantes.*

2° De faire, avant d'imprimer, la déclaration, et avant de publier
le dépôt prescrit ;
3° D'indiquer, sur l'ouvrage, d'une manière exacte, son nom et
sa demeure, Con., n. 33.
231. Con., 39, T. C., 234. Con., n. 85, 344, 345, 346. — 232.
Con., n. 160.

2. Dans le cas d'offense envers les Chambres, ou 235.
l'une d'elles, par voie de publication, la poursuite
n'aura lieu qu'autant que la Chambre qui se croira
offensée l'aura autorisée.

3. Dans le cas du même délit contre la personne 236.
des souverains et celle des chefs des gouvernements
étrangers, la poursuite n'aura lieu que sur la plainte
ou à la requête du souverain ou du chef du gouvernement qui se croira offensé.

4. *Dans les cas de diffamation ou d'injure contre les* 237.
cours, tribunaux, ou autres corps constitués, la pour-
suite n'aura lieu qu'après une délibération de ces corps,
prise en assemblée générale et requérant les poursuites.

5. Dans le cas des mêmes délits *contre tout dépo-* 238.

235. Par l'article 15 de la loi du 25 mars 1822 (n. 81 et 338),
les Chambres se sont réservé le droit ou de prononcer elles-mêmes,
ou de laisser prononcer par les tribunaux, sur les offenses commises envers elles. Le présent article ne peut donc recevoir d'exécution que dans le cas où la Chambre offensée auroit mieux aimé autoriser les poursuites par la voie ordinaire, que de traduire le prévenu à sa barre, Con., n. 89.

236. Par suite de l'article 17 de la loi du 25 mars 1822 (n. 340),
le mot d'*office* doit être ajouté aux dispositions de cet article, qui,
du reste, conserve toute sa force. Voir au surplus l'observation
portée au n. 238 ci-dessous, Con., n. 90.

237. Par la même disposition, cet article est rapporté, Con.,
n. 84, T. C., 340.

238. Par la même disposition, ce qui, dans cet article, est imprimé
en caractères italiques est abrogé; en sorte que, dans tous les cas,
la poursuite doit avoir lieu *d'office*, avec cette différence que, s'il
s'agit de dépositaires ou d'agents de l'autorité publique, elle peut
avoir lieu sans plainte préalable, au lieu que, s'il s'agit de souverains
étrangers, d'agents diplomatiques ou de particuliers, elle ne peut
avoir lieu sans plainte préalable.

silaire ou agent de l'autorité publique, contre tout agent diplomatique étranger accrédité près du Roi, ou contre tout particulier, la poursuite n'aura lieu que sur la plainte de la partie qui se prétendra lésée.

239.   6. La partie publique, dans son réquisitoire, *si elle poursuit d'office,* ou le plaignant, dans sa plainte, seront tenus d'articuler et de qualifier les provocations, attaques, offenses, outrages, faits diffamatoires ou injures, à raison desquels la poursuite est intentée, et ce, à peine de nullité de la poursuite.

240.   7. Immédiatement après avoir reçu le réquisitoire ou la plainte, le juge d'instruction pourra ordonner

Lorsque les poursuites doivent être précédées de requêtes ou de plaintes, le mot d'*office*, conservé même pour ces deux cas, signifie que, postérieurement aux requêtes et aux plaintes, le ministère public doit agir comme dans toutes les autres circonstances.

Au surplus, les requêtes et les plaintes ne changent rien aux conditions établies par le Code d'instruction criminelle et par le Code pénal, pour se porter partie civile, et pour remplir par conséquent les devoirs et les obligations particulières attachées à cette qualité, ou pour en recueillir les avantages, Con., n. 91.

239. L'obligation d'articuler les faits impose-t-elle celle d'insérer intégralement dans les plaintes, les réquisitoires, les ordonnances de renvoi, les arrêts de mise en prévention ou en accusation, les passages inculpés d'un ouvrage ? L'article 26 de la loi du 26 mai 1819 (n. 160 et 232) ordonne, en cas de condamnation, la destruction des instruments de publication. Insérer dans des actes authentiques des passages dont la suppression peut être ultérieurement prononcée, n'est-ce pas leur donner une existence presque indestructible ? De la combinaison des articles 6, 15 et 26 de la loi précitée (n. 94, 107, 126, 239, 248, 259) ne doit-on pas conclure qu'il suffit d'indiquer de la manière la plus exacte le commencement et la fin de chaque passage et l'infraction dont on l'inculpe, Con., n. 94.

240. D'après les dispositions de cet article, la saisie, pour avoir

la saisie des écrits, imprimés, placards, dessins, gravures, peintures, emblèmes ou autres instruments de publication.

L'ordre de saisir et le procès-verbal de saisie seront notifiés, dans les trois jours de ladite saisie, à la personne entre les mains de laquelle la saisie aura été faite, à peine de nullité.

8. Dans les huit jours de ladite notification, le juge d'instruction est tenu de faire son rapport à la chambre du conseil, qui procède ainsi qu'il est dit au Code d'instruction criminelle, livre Ier, chapitre IX, sauf les dispositions ci-après. 241.

9. Si la chambre du conseil est unanimement d'avis qu'il n'y a pas lieu à poursuivre, elle prononce la main-levée de la saisie. 242.

10. Dans le cas contraire, ou dans le cas de pour-

tous les caractères légaux, ne doit être opérée que d'après un ordre donné par le juge d'instruction, sur le réquisitoire du ministère public.

Lors donc que des commissaires de police ou tous autres officiers de police, auxiliaires du procureur du Roi, se trouvent dans la nécessité de mettre immédiatement la main sur des instruments de publication, qui autrement leur échapperoient, ils doivent dresser un procès-verbal sommaire, constituer gardien, et se retirer sur-le-champ au parquet du procureur du Roi, pour obtenir des réquisitoires et des ordres à l'aide desquels ils pourront opérer une saisie régulière, qu'ils constateront par un procès-verbal de toute l'opération.

Il arrive quelquefois que, lorsqu'on se présente pour saisir, il ne se trouve aucun exemplaire des ouvrages poursuivis : il n'en faut pas moins dresser un procès-verbal qui constate les faits, et opérer, si l'on veut donner suite à la saisie, comme s'il en existoit réellement une. Con., n. 97. — 241. Con., n. 103. — 242. Con., n. 105.

243. Il est aisé d'apercevoir que, d'après les dispositions de l'ar-

voi du procureur du Roi ou de la partie civile contre
la décision de la chambre du conseil, les pièces sont
transmises, sans délai, au procureur-général près
la cour royale, qui est tenu, dans les cinq jours de
la réception, de faire son rapport à la chambre des
mises en accusation, laquelle est tenue de prononcer
dans les trois jours dudit rapport.

244.   11. A défaut par la chambre du conseil du tri-

ticle 17 de la loi du 25 mars 1822 (n. 340), et de l'article 11, ci-
après, ce n'est qu'en cas de crime, ou lorsqu'il y a pourvoi du ministère public de la partie civile, ou de la partie saisie, que le
procureur-général près la cour royale a un rapport à faire à la
chambre des mises en accusation. Autrement s'il s'agit de délits, le
prévenu et les pièces du procès doivent être renvoyés par la chambre du conseil devant le tribunal de police correctionnelle, aux termes de l'article 130 du code d'instruction criminelle; s'il s'agit de
contravention, l'inculpé et les pièces du procès doivent être renvoyés devant le tribunal de simple police, suivant l'article 129 du
même Code. Con., n. 109.

244. On sent qu'il seroit souvent impossible aux cours et aux tribunaux de prononcer d'une manière définitive dans les délais fixés
par cet article : aussi la chambre des mises en accusation de la cour
royale de Paris, par arrêt du 8 juin 1821, a-t-elle proclamé le prin-
cipe suivant :

« L'obligation imposée par les articles 8 et 11 de la loi du 26 mai
« 1819, rédigés dans le même esprit que l'article 219 du Code d'in-
« struction criminelle, aux tribunaux de première instance de pro-
« noncer dans les huit jours de la notification de l'ordre et du pro-
« cès-verbal de saisie, et aux cours royales, de prononcer dans les
« dix jours du dépôt en leur greffe de la requête de la partie saisie,
« n'interdit point à ces tribunaux et à ces cours la faculté, en cas
« d'éloignement ou de maladie de certains accusés ou de tous au-
« tres événements imprévus, d'ordonner tout ce qui est nécessaire
« pour compléter l'instruction. Seulement ces cours et ces tribu-
« naux sont obligés de rendre, dans les délais ci-dessus, des juge-
« ments ou arrêts qui doivent, d'une manière expresse, maintenir

bunal de première instance d'avoir prononcé dans les dix jours de la notification du procès-verbal de saisie, la saisie sera de plein droit périmée. Elle le sera également à défaut par la cour royale d'avoir prononcé sur cette même saisie dans les dix jours du dépôt en son greffe de la requête que la partie saisie est autorisée à présenter, à l'appui de son pourvoi, contre l'ordonnance de la chambre du conseil. Tous les dépositaires des objets saisis seront

« les saisies, lesquelles, en dernière analyse, ne peuvent être dé-
« clarées valables et définitives que par les juges qui prononceront
« en dernier ressort. »

L'article 17 de la loi du 25 mars 1822 (n. 340), en attribuant aux tribunaux de police correctionnelle la connoissance des délits prévus par les lois des 17 mai et 9 juin 1819, 17 et 25 mars 1822, a maintenu toutes les dispositions de la loi du 26 mai 1819 relatives à la saisie. Il en résulte que, toutes les fois qu'il y a saisie, les tribunaux de police correctionnelle ne peuvent connoître qu'en vertu d'une ordonnance de renvoi, rendue par la chambre du conseil.

L'article 11, par une disposition nouvelle, qui n'est abrogée par aucune loi postérieure, étend à la partie saisie le droit attribué par l'article 135 du Code d'instruction criminelle de se pourvoir devant la chambre des mises en accusation, contre l'ordonnance de la chambre du conseil, au procureur du roi dans les vingt-quatre heures de l'ordonnance, et à la partie civile dans les vingt-quatre heures de la signification de cette ordonnance. Par une conséquence de cette faculté de pourvoi, toutes les fois qu'il y a saisie, l'ordonnance de la chambre du conseil doit être signifiée à la partie saisie : si celle-ci n'y forme pas opposition dans les vingt-quatre heures de la signification, le tribunal procédera immédiatement après ce délai au jugement de l'affaire. Dans le cas de pourvoi, il ne statuera qu'après l'arrêt de la chambre des mises en accusation.

Par ces raisons, le texte de l'article 11 est rapporté dans la Concordance avec les modifications dont il est susceptible, n. 110, 114, 149.

tenus de les rendre au propriétaire sur la simple exhibition du certificat des greffiers respectifs, constatant qu'il n'y a pas eu d'ordonnance ou d'arrêt dans les délais ci-dessus prescrits.

Les greffiers sont tenus de délivrer ce certificat à la première réquisition, sous peine d'une amende de trois cents francs, sans préjudice des dommages-intérêts, s'il y a lieu.

Toutes les fois qu'il ne s'agira que d'un simple délit, la péremption de la saisie entraînera celle de l'action publique.

245. 12. Dans les cas où les formalités prescrites par les lois et règlements concernant le dépôt auront été remplies, les poursuites à la requête du ministère public ne pourront être faites que devant les juges du lieu où le dépôt aura été opéré, ou de celui de la résidence du prévenu.

En cas de contravention aux dispositions ci-dessus rappelées concernant le dépôt, les poursuites pourront être faites soit devant le juge de la résidence du prévenu, soit dans les lieux où les écrits et autres instruments de publication auront été saisis.

245. La poursuite peut être faite devant le tribunal de première instance des lieux où siègent les corps offensés, s'ils rendent plainte, ou dans lesquels résident les parties plaignantes, si les publications y ont été effectuées, soit que le dépôt prescrit par l'article 14 de la loi du 21 octobre 1814 (n. 67 et 181) ait été, ou non, préalablement opéré;

Devant le tribunal du lieu où le dépôt aura été opéré, ou de la résidence du prévenu, si les formalités prescrites par l'article précité ont été remplies;

Devant le tribunal du lieu de la résidence du prévenu ou de

Dans tous les cas, la poursuite à la requête de la partie plaignante pourra être portée devant les juges de son domicile, lorsque la publication y aura été effectuée.

13. Les crimes *et délits* commis par la voie de la presse ou tout autre moyen de publication, *à l'exception de ceux désignés dans l'article suivant,* seront renvoyés par la chambre des mises en accusation de la cour royale devant la cour d'assises, pour être jugés à la plus prochaine session. L'arrêt de renvoi sera de suite notifié au prévenu. 246.

14. Les délits de diffamation verbale ou d'injure 247.

celui où les publications ont été faites, s'il n'y a point eu de dépôt, Con., n. 95.

246. Par l'article 17 de la loi du 25 mars 1822 (n. 340), la partie de l'article 13 qui donnoit au jury la connoissance de certains délits, par dérogation au droit commun, est abrogée. Le jury n'a donc plus à connoître que des *crimes,* comme avant la loi du 26 mai 1819, Con., n. 147.

247. L'article 17 de la loi du 25 mars 1822 (n. 340) n'a apporté aucune modification à l'article 14 de la loi du 26 mai 1819, en ce qui concerne la poursuite des délits de diffamation et d'injures verbales contre toute personne; mais il a anéanti la distinction que l'article 14 et l'article 13 ci-dessus avoient établie entre les délits de diffamation commis par la voie d'écrits périodiques ou non, de dessins, de peintures, de gravures, d'emblèmes, de placards, et d'affiches, envers les corps constitués, les fonctionnaires publics, les agents diplomatiques; et les mêmes délits commis envers des particuliers.

Par ces raisons, dans la Concordance, on a rapporté l'art. 14 sous deux numéros, avec des modifications exigées par l'art. 17 de la loi du 25 mars 1822.

Le n. 113 a pour objet les délits dont il vient d'être immédiatement question, et qui, pouvant donner lieu à une saisie, ne peuvent être renvoyés devant les tribunaux de police correctionnelle,

verbale contre toute personne, et ceux de diffamation ou d'injure, par une voie de publication quelconque, contre *des particuliers*, seront jugés par les
tribunaux de police correctionnelle, sauf les cas attribués aux tribunaux de simple police.

248.   15. Sont tenues la chambre du conseil du tribunal
de première instance, dans le jugement de mise en
prévention, et la chambre des mises en accusation
de la cour royale, dans l'arrêt de renvoi devant la
cour d'assises, d'articuler et de qualifier les faits à
raison desquels lesdits prévention ou renvoi sont
prononcés, à peine de nullité desdits jugement ou
arrêt.

249.   16. Lorsque la mise en accusation aura été prononcée pour crimes commis par voie de publication, et que l'accusé n'aura pu être saisi, ou qu'il ne
se présentera pas, il sera procédé contre lui ainsi
qu'il est prescrit au livre II, titre IV, du Code d'instruction criminelle, chapitre *des Contumaces.*

250.   17. *Lorsque le renvoi à la cour d'assises aura été*

lorsqu'il y a saisie, qu'en vertu d'une ordonnance de la chambre du
conseil.

Le n. 130 a pour objet les délits dont il a été question au commencement de cette note, lesquels, ne donnant lieu à aucune saisie,
rentrent dans les dispositions de l'article 64 du Code d'instruction
criminelle, et peuvent arriver directement devant la police correctionnelle, Con., n. 113, 130.

248. Voir le n. 239, Con., n. 107, 148.

249. Con., n. 155.

250. Cet article 17 est abrogé par l'article 17 de la loi du 25 mars
1822 (n. 340), et, comme on rentre dans le droit commun, il est
remplacé par l'article 186 du Code d'instruction criminelle, Con.,
n. 116.

fait pour délits spécifiés dans la présente loi, le prévenu, s'il n'est présent au jour fixé pour le jugement par l'ordonnance du président, dûment notifiée audit prévenu ou à son domicile dix jours au moins avant l'échéance, outre un jour par cinq myriamètres de distance, sera jugé par défaut. La cour statuera sans assistance ni intervention des jurés, tant sur l'action publique que sur l'action civile.

18. *Le prévenu pourra former opposition à l'arrêt* 251. *par défaut dans les dix jours de la notification qui lui en aura été faite ou à son domicile, outre un jour par cinq myriamètres de distance, à charge de notifier son opposition, tant au ministère public qu'à la partie civile.*

Le prévenu supportera, sans recours, les frais de l'expédition et de la signification de l'arrêt par défaut et de l'opposition, ainsi que de l'assignation et de la taxe des témoins appelés à l'audience pour le jugement de l'opposition.

19. *Dans les cinq jours de la notification de l'opposi-* 252. *tion, le prévenu devra déposer au greffe une requête tendant à obtenir du président de la cour d'assises une ordonnance fixant le jour du jugement de l'opposition; cette ordonnance fixera le jour aux plus prochaines assises; elle sera signifiée, à la requête du ministère public, tant au prévenu qu'au plaignant, avec assignation au jour fixé, dix jours au moins avant l'échéance.*

251. Il en est de même de l'article 18, il est remplacé par les articles 187 et 188 du même Code, Con., n. 117.

252. Il en est de même de l'article 19, il est remplacé par les articles 187 et 188 du même Code, Con., n. 117.

Faute par le prévenu de remplir les formalités mises à sa charge par le présent article, ou de comparoître par lui-même ou par un fondé de pouvoir au jour fixé par l'ordonnance, l'opposition sera réputée non avenue, et l'arrêt par défaut sera définitif.

253   20. Nul ne sera admis à prouver la vérité des faits diffamatoires, si ce n'est dans le cas d'imputation contre des dépositaires ou agents de l'autorité, ou contre toutes personnes ayant agi dans un caractère public, de faits relatifs à leurs fonctions. Dans ce

253. On a donné, dans la Concordance, deux numéros à l'art. 20 de la loi du 26 mai 1819. Le n. 119 est relatif aux particuliers et aux fonctionnaires publics considérés comme particuliers. Dans ce cas, aucune preuve n'est admissible; soit qu'il s'agisse de diffamation, soit, à plus forte raison, qu'il s'agisse d'injures, puisque celles-ci ne renferment jamais l'imputation d'un fait, d'après la définition énoncée en l'article 13 de la loi du 17 mai 1819. (n. 21, 219.)

Le n. 120 a pour objet la diffamation particulière au fonctionnaire public. D'après les dispositions combinées de l'art. 18 de la loi du 25 mars 1822 (n. 341), et de l'art. 20 de la loi du 26 mai 1819, d'après ce qui vient d'être dit pour l'injure, il est évident qu'en ajoutant dans l'article 18 de la loi du 25 mars 1822 le mot *injurieux* aux mots *faits diffamatoires*, portés dans l'article 20 de la loi du 26 mai 1819, le législateur n'a considéré l'injure que comme un accessoire de la diffamation.

L'article 18 de la loi du 25 mars 1822 n'admet en aucun cas la preuve testimoniale; il s'ensuit que, lors même que la preuve est admissible, on ne peut avoir recours qu'aux preuves et contre-preuves littérales; en conséquence, l'article 24 de la loi du 26 mai 1819 n'est point rapporté dans la Concordance, parcequ'il est désormais sans objet, et les articles 20, 21, 22 et 23 y sont dégagés de tout ce qui seroit en opposition avec l'article 18 de la loi du 25 mars 1822, Con., n. 119, 120, 121, 122, 123, 124.

cas, les faits pourront être prouvés *par-devant la cour d'assises par toutes les voies ordinaires*, sauf la preuve contraire *par les mêmes voies.*

La preuve des faits imputés met l'auteur de l'imputation à l'abri de toute peine, sans préjudice des peines prononcées contre toute injure qui ne seroit pas nécessairement dépendante des mêmes faits.

21. Le prévenu qui voudra être admis à prouver 254. la vérité des faits dans le cas prévu par le précédent article, devra, dans les huit jours qui suivront la notification *de l'arrêt de renvoi devant la cour d'assises*, ou de l'opposition *à l'arrêt par défaut rendu contre lui*, faire signifier au plaignant,

1° Les faits articulés et qualifiés *dans cet arrêt*, desquels il entend prouver la vérité ;

2° La copie des pièces ;

3° *Les noms, professions et demeures des témoins par lesquels il entend faire sa preuve ;*

Cette signification contiendra élection du domicile près la cour d'assises; le tout à peine d'être déchu de la preuve.

22. Dans les huit jours suivants, le plaignant sera 255. tenu de faire signifier au prévenu, *au domicile par lui élu*, la copie des pièces, *et les noms, professions et demeures des témoins* par lesquels il entend faire la preuve contraire; le tout également sous peine de déchéance.

23. Le plaignant en diffamation ou injure pourra 256.

254. Même observation, Con., n. 119, 120, 121, 122, 123, 124.
255. Même observation, Con., n. 119, 120, 121, 122, 123, 124.
256. Même observation, Con., n. 119, 120, 121, 122, 123, 124.

faire entendre des témoins qui attesteront sa moralité ; les noms, professions et demeures de ces témoins seront notifiés au prévenu ou à son domicile, un jour au moins avant l'audition.

Le prévenu ne sera point admis à faire entendre des témoins contre la moralité du plaignant.

257. 24. *Le plaignant sera tenu, immédiatement après l'arrêt de renvoi, d'élire domicile près la cour d'assises, et de notifier cette élection au prévenu et au ministère public ; à défaut de quoi toutes significations seront faites valablement au plaignant au greffe de la cour.*

Lorsque le prévenu sera en état d'arrestation, toutes notifications, pour être valables, devront lui être faites à personne.

258. 25. Lorsque les faits imputés seront punissables selon la loi, et qu'il y aura des poursuites commencées à la requête du ministère public, ou que l'auteur de l'imputation aura dénoncé ces faits, il sera, durant l'instruction, sursis à la poursuite et au jugement du délit de diffamation.

259. 26. Tout arrêt de condamnation contre les au-

257. Même observation, Con., n. 119, 120, 121, 122, 123, 124.
258. Con., n. 156.

259. Cet article prescrit la destruction de tous les instruments de publication ; il seroit donc illégal de rapporter dans les arrêts, dans les affiches, dans les publications, et dans les insertions, auxquelles ces arrêts peuvent donner lieu, les passages qui ont motivé les condamnations.

Conformément aux dispositions de cet article, combinées avec l'article 118 du Code civil, les gens du Roi doivent mettre, sans délai, le ministre de la justice à même de faire insérer dans la partie officielle du Moniteur l'arrêt de condamnation. Con., n. 126, 132, 137, 143, 144, 152.

teurs ou complices des crimes et délits commis par voie de publication ordonnera la suppression ou la destruction des objets saisis, ou de tous ceux qui pourront l'être ultérieurement, en tout ou en partie, suivant qu'il y aura lieu pour l'effet de la condamnation.

L'impression ou l'affiche de l'arrêt pourront être ordonnées aux frais du condamné.

Ces arrêts seront rendus publics dans la même forme que les jugements portant déclaration d'absence.

27. Quiconque, après que la condamnation d'un écrit, de dessins ou gravures, sera réputée connue par la publication dans les formes prescrites par l'article précédent, les réimprimera, vendra ou distribuera, subira le *maximum* de la peine qu'auroit pu encourir l'auteur. 260.

28. Toute personne inculpée d'un délit commis 261.

260. Les infractions prévues par cet article ne deviennent légalement punissables qu'après l'accomplissement des formalités indiquées dans l'observation précédente, Con., n. 41.

261. D'après l'article 119 du Code d'instruction criminelle, le cautionnement ne peut être au-dessous de 500 francs; d'après l'article 28 de la loi du 26 mai 1819, il peut s'élever jusqu'au double de l'amende dont le prévenu peut être passible; et d'après l'art. 10 de la loi du 9 juin 1819 (n. 37 et 275), relative aux écrits périodiques, jusqu'au quadruple de la même amende.

Dans le cas de l'article 94 du Code d'instruction criminelle, lors même qu'il ne s'agit que d'un délit, si ce délit est passible de l'emprisonnement, il peut être utile, dans certaines circonstances, d'user de la faculté de convertir le mandat de comparution en mandat de dépôt ou d'arrêt; principalement s'il se trouve parmi les prévenus des imprimeurs, des libraires ou des colporteurs. Cette mesure, qui,

par la voie de la presse, ou par tout autre moyen
de publication, contre laquelle il aura été décerné
un mandat de dépôt ou d'arrêt, obtiendra sa mise
en liberté provisoire, moyennant caution. La caution à exiger de l'inculpé ne pourra être supérieure
au double du *maximum* de l'amende prononcée par
la loi contre le délit qui lui est imputé.

262.　29. L'action publique contre les crimes et délits
commis par la voie de la presse, ou tout autre moyen
de publication, se prescrira par six mois révolus, à
compter du fait de publication qui donnera lieu à
la poursuite.

Pour faire courir cette prescription de six mois,
la publication d'un écrit devra être précédée du
dépôt et de la déclaration que l'éditeur entend le
publier.

S'il a été fait, dans cet intervalle, un acte de poursuite ou d'instruction, l'action publique ne se prescrira qu'après un an, à compter du dernier acte, à
l'égard même des personnes qui ne seroient pas impliquées dans ces actes d'instruction ou de poursuite.

Néanmoins, dans le cas d'offense envers les

au premier abord, paroît rigoureuse, tend cependant à prévenir les
délits. En effet, bien que le prévenu soit admis postérieurement à
obtenir sa liberté provisoire sous caution, comme le cautionnement
peut s'élever à une somme considérable, la crainte d'être immédiatement dérangés dans leurs spéculations, et lésés dans leurs intérêts,
pourra devenir, pour les imprimeurs et les libraires, un frein salu-
taire qui les empêchera de mettre au jour de mauvais ouvrages,
et sur-tout d'exciter la jeunesse à en composer. Con., n. 101.

　262. Con., n. 157.

Chambres, le délai ne courra pas dans l'intervalle de leurs sessions.

L'action civile ne se prescrira, dans tous les cas, que par la révolution de trois années, à compter du fait de la publication.

3o. Les délits commis par la voie de la presse ou par tout autre moyen de publication, et qui ne seroient point encore jugés, le seront suivant les formes prescrites par la présente loi. 263.

31. La loi du 28 février 1817 est abrogée. 264.

Les dispositions du Code d'instruction criminelle auxquelles il n'est pas dérogé par la présente loi continueront d'être exécutées.

———

Loi *du 9 juin 1819 sur la publication des journaux ou écrits périodiques. N. 284 de la 7ᵐᵉ série du Bulletin des lois.* 265.

Art. 1. Les propriétaires ou éditeurs de tout journal ou écrit périodique, consacré en tout ou en partie aux nouvelles ou matières politiques, et paroissant, soit à jour fixe, soit par livraison et irrégulièrement, mais plus d'une fois par mois, seront tenus, 266.

1° De faire une déclaration indiquant le nom, au moins, d'un propriétaire ou éditeur responsable, sa demeure, et l'imprimerie, dûment autorisée, dans

263. Con., n. 159. — 264. Con., n. 161.
266. Con., 47 et 49, T. C., n. 280, 281, 282, 285, 286, 287, 292, 302, 303, 318.

laquelle le journal ou l'écrit périodique doit être imprimé ;

2° De fournir un cautionnement, qui sera, dans les départements de la Seine, de Seine-et-Oise et de Seine-et-Marne, de dix mille francs de rente pour les journaux quotidiens, et de cinq mille francs de rente pour les journaux ou écrits périodiques paroissant à des termes moins rapprochés ;

Et dans les autres départements, le cautionnement relatif aux journaux quotidiens sera de deux mille cinq cents francs de rente dans les villes de cinquante mille ames et au-dessus ; de quinze cents francs de rente dans les villes au-dessous, et de la moitié de ces rentes pour les journaux ou écrits périodiques qui paroissent à des termes moins rapprochés.

Les cautionnements pourront être également effectués à la caisse des consignations, en y versant le capital de la rente au cours du jour du dépôt.

267.   2. La responsabilité des auteurs ou éditeurs indiqués dans la déclaration s'étendra à tous les articles insérés dans le journal ou écrit périodique, sans préjudice de la solidarité des auteurs ou rédacteurs desdits articles.

268.   3. Le cautionnement sera affecté, par privilége, aux dépens, dommages-intérêts et amendes auxquels les propriétaires ou éditeurs pourront être condamnés : le prélévement s'opèrera dans l'ordre indiqué au présent article. En cas d'insuffisance, il

y aura lieu à recours solidaire sur les biens des propriétaires ou éditeurs déclarés responsables du journal ou écrit périodique, et des auteurs ou rédacteurs
des articles condamnés.

4. Les condamnations encourues devront être 269.
acquittées et le cautionnement libéré ou complété
dans les quinze jours de la notification de l'arrêt ;
les quinze jours révolus sans que la libération ou
le complétement ait été opéré, et jusqu'à ce qu'il le
soit, le journal ou écrit périodique cessera de paroître.

5. *Au moment de la publication de chaque feuille* 270.
ou livraison du journal ou écrit périodique, il en sera
remis, à la préfecture pour les chefs-lieux de départe-
ment, à la sous-préfecture pour ceux d'arrondissement,
et, dans les autres villes, à la mairie, un exemplaire
signé d'un propriétaire ou éditeur responsable.

Cette formalité ne pourra ni retarder ni suspendre
le départ ou la distribution du journal ou écrit périodique.

6. Quiconque publiera un journal ou écrit pério- 271.
dique sans avoir satisfait aux conditions prescrites
par les articles 1, 4 et 5 de la présente loi, sera puni

---

269. Con., n. 52, T. C., 284.

270. Le premier paragraphe de cet article est abrogé par l'article 2 de la loi du 17 mars 1822 (n. 53 et 319), auquel on a ajouté
dans la Concordance le second paragraphe ci-dessus qui se trouve
maintenu, Con., 53, T. C., 283, 319.

271. Par suite de l'article 2 de la loi du 17 mars 1822 (n. 53,
319), on a, dans la Concordance, ajouté à cet article après ces mots,
de la présente loi, ceux-ci : et par l'article 2 de la loi du 17 mars 1822,
Con., n. 54.

correctionnellement d'un emprisonnement d'un mois à six mois, et d'une amende de deux cents francs à douze cents francs.

272. 7. Les éditeurs de tout journal ou écrit périodique ne pourront rendre compte des séances secrètes des Chambres, ou de l'une d'elles, sans leur autorisation.

273. 8. Tout journal sera tenu d'insérer les publications officielles qui lui seront adressées, à cet effet, par le Gouvernement, le lendemain du jour de l'envoi de ces piéces, sous la seule condition du paiement des frais d'insertion.

274. 9. Les propriétaires ou éditeurs responsables d'un journal ou écrit périodique, ou auteurs ou rédacteurs d'articles imprimés dans ledit journal ou écrit, prévenus de crimes ou délits pour fait de publication, seront poursuivis et jugés dans les formes et suivant les distinctions prescrites à l'égard de toutes les autres publications.

275. 10. En cas de condamnation, les mêmes peines leur seront appliquées : toutefois les amendes pourront être élevées au double, et, en cas de récidive, portées au quadruple, sans préjudice des peines de la récidive prononcées par le Code pénal.

276. 11. Les éditeurs du journal ou écrit périodique seront tenus d'insérer dans l'une des feuilles ou des livraisons qui paroîtront dans le mois du jugement ou de l'arrêt intervenu contre eux, extrait conte-

---

272. Con., n. 57. — 273. Con., n. 58.
274. Con., 36, 96. — 275. Con., n. 37, 40.
276. Con., n. 59, 127, 138, 153.

nant les motifs et le dispositif dudit jugement ou arrêt.

12. La contravention aux articles 7, 8 et 11 de la présente loi sera punie correctionnellement d'une amende de cent francs à mille francs.

277.

13. Les poursuites auxquelles pourront donner lieu les contraventions aux articles 7, 8 et 11 de la présente loi se prescriront par le laps de trois mois, à compter de la contravention, ou de l'interruption des poursuites, s'il y en a de commencées en temps utile.

278.

ORDONNANCE *du 9 juin 1819 sur l'exécution de la loi relative à la publication des journaux ou écrits périodiques. N. 284 de la 7me série du Bulletin des lois.*

279.

ART. 1. L'éditeur ou propriétaire d'un journal ou écrit périodique, de la nature de ceux désignés par l'article 1 de la loi de ce jour, qui voudra fournir en rentes le cautionnement prescrit par la loi, déclarera à l'agent judiciaire du trésor royal qu'il affecte l'inscription dont il est propriétaire au cautionnement de son entreprise. L'acte de cautionnement sera fait double entre l'agent judiciaire et le titulaire de l'inscription.

280.

L'inscription donnée en cautionnement sera déposée à la caisse centrale du trésor royal. Les arrérages continueront à en être payés sur la représentation d'un bordereau délivré par l'agent judiciaire.

Lorsque le cautionnement sera fourni en inscrip-

277. Con., n. 60. — 278. Con., n. 158. — 280. Con. 49 et 50, T. C., 266, 267, 292.

tion départementale, le directeur de l'enregistrement remplira, pour le département au livre auxiliaire duquel appartient la rente, les fonctions ci-dessus attribuées à l'agent judiciaire ; l'inscription sera déposée à la caisse du receveur des domaines du chef-lieu.

Les mêmes formalités devront être remplies par tout propriétaire d'une rente qui déclareroit l'affecter au cautionnement de l'entreprise formée par un éditeur ou propriétaire du journal.

281. 2. Toute inscription directe ou départementale, affectée à un cautionnement, devra être *visée pour cautionnement*, soit par le directeur du grand-livre, soit par le receveur général, avant d'être présentée à l'agent judiciaire ou au directeur de l'enregistrement, à l'appui de la déclaration prescrite par l'article précédent.

282. 3. Lorsque le cautionnement aura été, soit versé à la caisse des consignations, soit fourni en rentes, l'éditeur ou propriétaire fera, devant le préfet du département, ou, à Paris, devant le préfet de police, la déclaration prescrite par le n. 1 de l'article 1 de la loi. Il représentera en même temps, soit le reçu de la caisse des consignations, soit l'acte constatant qu'il a fourni son cautionnement en rentes.

Le préfet donnera sur-le-champ acte de la déclaration, et de la justification du cautionnement.

La publication du journal ou de l'écrit périodique pourra commencer immédiatement après.

281. Con., n. 49, 50, T. C., 266, 267, 292. — 282. Con., n. 49, T. C., 266.

4. La remise au moment de la publication de 283. chaque feuille ou livraison du journal ou écrit périodique, exigée par l'article 5 de la loi, sera faite, à Paris, à la préfecture de police.

5. Sur le vu du jugement ou de l'arrêt qui, à dé- 284. faut, par la partie condamnée, d'avoir acquitté le montant des condamnations contre elle prononcées dans le délai prescrit par l'article 4 de la loi, auroit ordonné la vente de l'inscription affectée au cautionnement, cette inscription sera vendue, jusqu'à concurrence, à la requête de la partie plaignante, ou, en cas d'amende, à celle du préposé de la régie de l'enregistrement chargé de la perception des amendes.

Cette vente sera opérée par les soins de l'agent judiciaire, le lendemain de la notification à lui faite du jugement ou de l'arrêt.

Les rentes départementales seront, dans le même cas, transmises par le directeur de l'enregistrement à l'agent judiciaire, lequel en fera faire immédiatement la vente, et en enverra le produit au directeur de l'enregistrement en un mandat de la caisse centrale du trésor sur le receveur général. Il y joindra le bordereau de l'agent de change, pour justification des frais de courtage.

Le prélèvement sur le capital résultant de la vente sera fait ainsi qu'il est dit à l'article 3 de la loi.

6. Le complètement ou le remplacement d'un 285.

283. Con., n. 53., T. C., 283, 319.—284. Con., n. 52,T. C. 269.— 285. Con., 49, T. C. 266.

cautionnemeut aura lieu dans les formes prescrites
pour le cautionnement primitif.

286. 7. Le propriétaire ou éditeur du journal ou écrit
périodique , qui voudra cesser son entreprise, en fera
déclaration au préfet du département, ou, à Paris,
au préfet de police. Le préfet lui donnera acte de
ladite déclaration : sur le vu de cette pièce, et après
un délai de trois mois, son cautionnement sera rem-
boursé ou libéré, à moins que, par suite de condamnations ou de poursuites commencées, des opposi-
tions n'aient été faites, soit à la caisse des consignations, soit entre les mains de l'agent judiciaire ou
du directeur de l'enregistrement.

287. 8. Il est accordé aux éditeurs ou propriétaires des
journaux et écrits périodiques désignés par l'article 1
de la loi, actuellement existants, un délai de quinze
jours pour accomplir les formalités prescrites par
la loi de ce jour et par la présente ordonnance.

288. 9. Notre garde des sceaux ministre de la justice,
nos ministres de l'intérieur et des finances, sont
chargés, chacun en ce qui le concerne, de l'exécution de la présente ordonnance, qui sera insérée
au Bulletin des lois.

———

289. LOI *du 31 mars 1820 sur la publication des journaux*
et écrits périodiques. N° 356 de la 7me série du Bul-
letin des lois.

290. ART. 1. *La libre publication des journaux et écrits*

périodiques, consacrés en tout ou en partie aux nou-
velles et aux matières politiques, paroissant soit à jour
fixe, soit irrégulièrement et par livraisons, est suspen-
due temporairement jusqu'au terme ci-après fixé.

2. *Aucun desdits journaux et écrits périodiques ne* 291.
pourra être publié qu'avec l'autorisation du Roi.

Toutefois, les journaux et écrits périodiques actuel-
lement existants continueront de paroître, en se confor-
mant aux dispositions de la présente loi.

3. *L'autorisation exigée par l'article précédent ne* 292.
pourra être accordée qu'à ceux qui justifieront s'être
conformés aux conditions prescrites à l'article 1 de
la loi du 9 juin 1819.

4. *Avant la publication de toute feuille ou livraison,* 293.
le manuscrit devra être soumis, par le propriétaire ou
l'éditeur responsable, à un examen préalable.

5. *Tout propriétaire ou éditeur responsable qui au-* 294.
roit fait imprimer et distribuer une feuille ou une li-
vraison d'un journal ou écrit périodique sans l'avoir
communiquée au censeur avant l'impression, ou qui
auroit inséré dans une desdites feuilles ou livraisons un
article non communiqué ou non approuvé, sera puni

cequ'ils sont fondus dans l'article 1 de la loi du 17 mars 1822,
(n. 47, 318).

291. Con., 47, T. C., 301, 302, 303 et 318.

292. Par l'article 5 de la loi du 17 mars 1822 (n. 162 et 322),
cet article est maintenu, Con., n. 48, 49, T. C., 266, 280, 281,
302 et 303.

293. Par l'article 4 de la loi du 17 mars 1822 (n. 63 et 321),
les articles 4, 5, 6, 7, 9 et 10 de la présente loi sont abrogés, à
moins que des circonstances graves ne rendent momentanément
nécessaire le rétablissement de la censure, T. C., 304, 305, 307,
308, 309 et 310.—294. T. C., 306.

correctionnellement d'un emprisonnement d'un mois à six mois, et d'une amende de deux cents francs à douze cents francs, sans préjudice des poursuites auxquelles pourroit donner lieu le contenu de ces feuilles, livraisons et articles.

295.   6. Lorsqu'un propriétaire ou éditeur responsable sera poursuivi en vertu de l'article précédent, le Gouvernement pourra prononcer la suspension du journal ou écrit périodique jusqu'au jugement.

296.   7. Sur le vu du jugement de condamnation, le Gouvernement pourra prolonger, pour un terme qui n'excédera pas six mois, la suspension dudit journal ou écrit périodique. En cas de récidive, il pourra en prononcer définitivement la suppression.

297.   8. Nul dessin imprimé, gravé ou lithographié, ne pourra être publié, exposé, distribué ou mis en vente, sans l'autorisation préalable du Gouvernement.

Ceux qui contreviendroient à cette disposition seront punis des peines portées en l'article 5 de la présente loi.

298.   9. Les dispositions des lois du 17 mai, du 26 mai et dn 9 juin 1819, auxquelles il n'est point dérogé par les articles ci-dessus, continueront à être exécutées.

299.   10. La présente loi cessera de plein droit d'avoir son effet à la fin de la session de 1820.

295. T. C., 311.

297. Cet article est remplacé par l'article 12 de la loi du 25 mars 1822 (n. 80), T. C., 312 et 335.

298. Voir, pour cet article et pour l'article suivant, le n. 293.

ORDONNANCE *du* 1er *avril 1820 sur l'exécution de la* 300.
loi du 31 *mars* 1820, *sur la publication des jour-*
naux et écrits périodiques. N. 358 *de la* 7me *série*
du Bulletin des lois.

TITRE Ier.

De l'autorisation des journaux et écrits périodiques.

ART. 1. Dans les cinq jours qui suivront la pu- 301.
blication de la présente ordonnance, les propriétaires ou éditeurs responsables des journaux et écrits
périodiques actuellement existants seront tenus de
déclarer, à Paris, devant le préfet de police, et dans
les départements devant les préfets, qu'ils entendent
se conformer aux dispositions de la loi du 31 mars
1820, et profiter, en conséquence, de l'autorisation
qui leur est accordée par l'article 2 de ladite loi.

2. A l'avenir, toute personne qui voudra publier 302.
un nouveau journal, sera tenue, pour obtenir notre
autorisation, de présenter sa demande à notre ministre secrétaire d'état au département de l'intérieur.
Si la demande est admise, notre autorisation sera
accordée au requérant sur la preuve qu'il a satisfait
aux conditions prescrites en l'article 1 de la loi du
9 juin 1819.

3. Le brevet d'autorisation, délivré par notre mi- 303.
nistre secrétaire d'état de l'intérieur, sera enregistré,

301. Con., 47, T. C., 291 et 318.—302. Con., 47 et 49, T. C.,
266, 291, 292, 318.
303. Con., 47 et 49, T. C., 266, 291, 292, 318.

sans frais, au tribunal civil du lieu où le journal ou écrit périodique sera publié.

TITRE II.

De la censure.

304.   4. *Il y aura à Paris, auprès de notre ministre secrétaire d'état au département de l'intérieur, une commission chargée de l'examen préalable de tous les journaux et écrits périodiques.*

305.   5. *Cette commission sera composée de douze censeurs: ils seront nommés par nous, sur la présentation de notre ministre secrétaire d'état de l'intérieur.*

306.   6. *Tout article de journal ou écrit périodique devra, avant d'être imprimé, avoir été revêtu du visa de la commission, qui en autorisera la publication, conformément à l'article 5 de la loi du 31 mars 1820.*

307.   7. *La commission ne pourra prononcer, s'il n'y a au moins cinq membres présents.*

308.   8. *Dans chaque chef-lieu de département, il y aura, auprès du préfet, une commission de trois censeurs, chargée de l'examen préalable des journaux et écrits périodiques qui seront publiés dans le département.*

309.   9. *Un conseil de neuf magistrats, nommés par nous sur la présentation de notre garde des sceaux, ministre secrétaire d'état au département de la justice, sera chargé de la surveillance de la censure.*

310.   10. *La commission de censure de Paris rendra, une*

304. T. C., 293. — 305. T. C., 293.
306. T. C., 294. — 307. T. C., 293.
308. T. C., 293. — 309. T. C., 293. — 310. T. C., 293.

fois par semaine, un compte raisonné de ses décisions
au conseil de surveillance. Les commissions des dépar-
tements lui rendront compte de leurs opérations au
moins une fois par mois.

11. *Quand il y aura lieu, en exécution de l'article* 6 311.
de la loi du 31 *mars* 1820, *à la suspension provisoire*
d'un journal ou écrit périodique, elle sera prononcée
par le conseil de surveillance, sous l'approbation de
notre ministre secrétaire d'état au département de la
justice. Il en sera de même quand il y aura lieu, en
exécution de l'article 7 *de ladite loi, de prononcer la*
suspension ou la suppression d'un journal ou écrit pé-
riodique après jugement.

TITRE III.

Des dessins, estampes et gravures.

12. L'autorisation préalable exigée par l'article 8 312.
de la loi du 31 mars 1820, pour la publication, exposition, distribution ou mise en vente de tout dessin ou estampe, gravé ou lithographié, qui, à l'avenir, sera déposé conformément à l'article 8 de notre
ordonnance du 24 octobre 1814, sera accordée,
s'il y a lieu, en même temps que le récépissé men-
tionné en l'article 9 de ladite ordonnance. Toute
autorisation accordée sera insérée au journal de la
librairie.

13. Notre ministre secrétaire d'état au départe- 313.
ment de l'intérieur, et notre garde des sceaux, ministre secrétaire d'état au département de la justice,

311. T. C., 295.—312. Con. 80, T. C., 196, 199, 297, 335, 369.

sont chargés, chacun en ce qui le concerne, de l'exécution de la présente ordonnance.

———

314. Loi *du 26 juillet 1821 sur la censure des journaux.*
N° 464 de la 7ᵐᵉ série du Bulletin des lois.

315. Art. 1. *La loi du 31 mars 1820, relative à la publication des journaux et écrits périodiques, continuera d'avoir son effet jusqu'à la fin du troisième mois qui suivra l'ouverture de la session de 1821.*

316. 2. *Les dispositions de la loi du 31 mars 1820, sauf en ce qui concerne le cautionnement, s'appliqueront, à l'avenir, à tous les journaux ou écrits périodiques, paroissant soit à jour fixe, soit irrégulièrement ou par livraison, quels que soient leur titre et leur objet.*

———

317. Loi *du 17 mars 1822 sur la police des journaux et écrits périodiques. N. 510 de la 7ᵐᵉ série du Bulletin des lois.*

318. Art. 1. Nul journal ou écrit périodique, consacré

315. Par l'article 4 de la loi du 17 mars 1822 (n. 63 et 321), cette loi est abrogée à moins que la loi du 31 mars (n. 289), ne soit remise en vigueur.

316. Con., 63, T. C., 321.

318. Si l'on s'occupoit isolément de cet article, on pourroit, au premier abord, être frappé de l'idée que le législateur n'a point attaché de peine à la violation des dispositions qu'il renferme. Quelques réflexions suffiront pour se convaincre que cela étoit inutile, parcequ'il est impossible de se soustraire à l'obligation fondamen-

en tout ou en partie aux nouvelles ou matières politiques, et paroissant soit régulièrement et à jour
fixe, soit par livraisons et irrégulièrement, ne pourra
être établi et publié sans l'autorisation du Roi.

Cette disposition n'est pas applicable aux journaux et écrits périodiques existants le 1 janvier 1822.

2. Le premier exemplaire de chaque feuille ou 319.
livraison des écrits périodiques et journaux sera, à
l'instant même de son tirage, remis et déposé au
parquet du procureur du Roi du lieu de l'impression. Cette remise tiendra lieu de celle qui étoit prescrite par l'article 5 de la loi du 9 juin 1819.

3. Dans le cas où l'esprit d'un journal ou écrit 320.
périodique, résultant d'une succession d'articles,

tale que cet article renferme, sans se rendre passible des peines
portées en l'article 6 de la loi du 9 juin 1819 (54, 271).

Cet article n'est que la réunion définitive en un seul article des
articles 1 et 2 de la loi du 31 mars 1820 (n. 290, 291). Les consé-
quences de ces deux articles, c'est-à-dire l'article 3 de la même loi
(n. 48, 292), et les articles 1, 2, 3 et 4 de la loi du 9 juin 1819
(n. 49, 50, 51, 52, 266, 267, 268, 269), sont maintenues par l'article 5 de la loi du 17 mars 1822 (n. 162 et 322).

Il résulte de la combinaison de ces divers articles que les déclarations et les cautionnements exigés par l'article 1 de la loi du
9 juin 1819 ne seroient pas reçus, si l'on ne rapportoit l'autorisation prescrite par le présent article et par les articles 2 et 3 de l'ordonnance du 1er avril 1820 (n. 302, 303), et qu'on ne sauroit
violer les dispositions de cet article sans porter atteinte à la loi
du 9 juin 1819, et sans encourir par conséquent les peines portées
par l'article 6 de cette loi. Con., n. 47, 49, T. C., 266, 290, 291,
301, 302, 303.

319. Par cet article, le premier paragraphe de l'article 5 de la
loi du 9 juin 1819, (n. 270), est abrogé. Con., n. 53, T. C.,
270, 283. — 320. Con., n 62, 86.

seroit de nature à porter atteinte à la paix publique, au respect dû à la religion de l'État ou aux autres religions légalement reconnues en France, à l'autorité du Roi, à la stabilité des institutions constitutionnelles, à l'inviolabilité des ventes des domaines nationaux et à la tranquille possession de ces biens, les cours royales dans le ressort desquelles ils seront établis pourront, en audience solennelle de deux chambres, et après avoir entendu le procureur général et les parties, prononcer la suspension du journal ou écrit périodique pendant un temps qui ne pourra excéder un mois pour la première fois, et trois mois pour la seconde. Après ces deux suspensions, et en cas de nouvelle récidive, la suppression définitive pourra être ordonnée.

321. 4. Si, dans l'intervalle des sessions des Chambres, des circonstances graves rendoient momentanément insuffisantes les mesures de garantie et de répression établies, les lois des 31 mars 1820 et 26 juillet 1821 pourront être remises immédiatement en vigueur, en vertu d'une ordonnance du Roi, délibérée en conseil et contre-signée par trois ministres.

Cette disposition cessera de plein droit un mois après l'ouverture de la session des Chambres, si, pendant ce délai, elle n'a pas été convertie en loi.

Elle cessera pareillement de plein droit le jour où seroit publiée une ordonnance qui prononceroit la dissolution de la Chambre des Députés.

322. 5. Les dispositions des lois antérieures auxquelles

321. Voir les observations sur les lois des 31 mars 1820, n. 289, et 26 juillet 1821, n. 314, Con., n. 63. — 322. Con., n. 162.

il n'est pas dérogé par la présente continueront
d'être exécutées.

Loi *du 25 mars 1822 sur la répression et la poursuite* 323.
des délits commis par la voie de la presse ou par tout
*autre moyen de publication. N. 514 de la 7*me *série*
du Bulletin des lois.

TITRE Ier.

De la répression.

ART. 1. Quiconque, par l'un des moyens énoncés 324.
en l'article 1 de la loi du 17 mai 1819, aura outragé
ou tourné en dérision la religion de l'État, sera puni
d'un emprisonnement de trois mois à cinq ans et
d'une amende de trois cents francs à six mille francs.

Les mêmes peines seront prononcées contre quiconque aura outragé ou tourné en dérision toute
autre religion dont l'établissement est légalement
reconnu en France.

2. Toute attaque, par l'un des mêmes moyens, 325.
contre la dignité royale, l'ordre de successibilité au
trône, les droits que le Roi tient de sa naissance,
ceux en vertu desquels il a donné la Charte, son
autorité constitutionnelle, l'inviolabilité de sa personne, les droits ou l'autorité des Chambres, sera

---

324. Cet article n'est qu'un développement important de l'art. 8
de la loi du 17 mai 1819 (n. 3 et 214), Con., n. 2.

325. Cet article a été substitué à l'article 4 de la loi du 17 mai
1819 (n. 210), Con., n. 9.

punie d'un emprisonnement de trois mois à cinq ans, et d'une amende de trois cents francs à six mille francs.

326.   3. L'attaque, par l'un de ces moyens, des droits garantis par les articles 5 et 9 de la Charte constitutionnelle, sera punie d'un emprisonnement d'un mois à trois ans, et d'une amende de cent francs à quatre mille francs.

327.   4. Quiconque, par l'un des mêmes moyens, aura excité à la haine ou au mépris du gouvernement du Roi, sera puni d'un emprisonnement d'un mois à quatre ans, et d'une amende de cent cinquante francs à cinq mille francs.

La présente disposition ne peut pas porter atteinte au droit de discussion et de censure des actes des ministres.

328.   5. La diffamation ou l'injure, par l'un des mêmes moyens, envers les cours, tribunaux, corps constitués, autorités ou administrations publiques, sera punie d'un emprisonnement de quinze jours à deux ans, et d'une amende de cent cinquante francs à cinq mille francs.

329.   6. L'outrage fait publiquement, d'une manière quelconque, à raison de leurs fonctions ou de leur qualité, soit à un ou plusieurs membres de l'une

326. Cet article a été substitué au nombre 4 de l'article 5 de la loi du 17 mai 1819 (n. 211), Con., n. 15.

327. Cet article renferme une disposition nouvelle, Con., n. 10.

328. Cet article remplace l'article 15 de la loi du 17 mai 1819 (n. 221), Con., n. 23.

329. Ces mots, *d'une manière quelconque*, placés après ceux-ci, *tout outrage fait publiquement*, renferment toute espèce de moyens,

des deux Chambres; soit à un fonctionnaire public, soit enfin à un ministre de la religion de l'État ou de l'une des religions dont l'établissement est légalement reconnu en France, sera puni d'un emprisonnement de quinze jours à deux ans, et d'une amende de cent francs à quatre mille francs.

Le même délit envers un juré, à raison de ses fonctions, ou envers un témoin, à raison de sa déposition, sera puni d'un emprisonnement de dix jours à un an, et d'une amende de cinquante francs à trois mille francs.

L'outrage fait à un ministre de la religion de l'État, ou de l'une des religions légalement reconnues en France, dans l'exercice même de ses fonctions, sera puni des peines portées par l'article 1 de la présente loi.

Si l'outrage, dans les différents cas prévus par le présent article, a été accompagné d'excès ou violences prévus par le premier paragraphe de l'article 228 du Code pénal, il sera puni des peines portées audit paragraphe et à l'article 229, et, en outre, de

et par conséquent tous ceux qui sont énoncés à l'article 1 de la loi du 17 mai 1819 (n. 1 et 207).

On ne doit pas perdre de vue que cet article ne porte aucune atteinte aux articles 222, 223, 224, 225, 226, 227, 230 du Code pénal en ce qu'ils sont relatifs, 1º aux outrages *non publics* commis envers des magistrats, les officiers ministériels, ou agents dépositaires de la force publique dans l'exercice ou à l'occasion de l'exercice de leurs fonctions; 2º aux outrages même publics commis envers des officiers ministériels, ou des agents dépositaires de la force publique, auxquels on ne croiroit pas pouvoir donner le titre de fonctionnaires publics. Con., n. 20, T. C., 349, 350, 351, 352, 353.

l'amende portée au premier paragraphe du présent article.

Si l'outrage est accompagné des excès prévus par le second paragraphe de l'article 228 et par les articles 231, 232 et 233, le coupable sera puni conformément audit Code.

330. 7. L'infidélité et la mauvaise foi dans le compte que rendent les journaux et écrits périodiques des séances des Chambres et des audiences des cours et tribunaux, seront punies d'une amende de mille francs à six mille francs.

En cas de récidive, ou lorsque le compte rendu sera offensant pour l'une ou l'autre des Chambres, ou pour l'un des Pairs ou des Députés, ou injurieux pour la cour, le tribunal, ou l'un des magistrats, des jurés ou des témoins, les éditeurs du journal seront en outre condamnés à un emprisonnement d'un mois à trois ans.

Dans les mêmes cas, il pourra être interdit, pour un temps limité ou pour toujours, aux propriétaires et éditeurs du journal ou écrit périodique condamné, de rendre compte des débats législatifs ou judiciaires. La violation de cette défense sera punie des peines doubles de celles portées au présent article.

331. 8. Seront punis d'un emprisonnement de six jours à deux ans, et d'une amende de seize francs à quatre mille francs, tous cris séditieux publiquement proférés.

330. Con., n. 56. — 331. Cet article a été substitué au nombre 1 de l'art. 5 de la loi du 17 mai 1819 (n. 211); Con. n. 16.

9. Seront punis d'un emprisonnement de quinze 332.
jours à deux ans, et d'une amende de cent francs à
quatre mille francs,

1° L'enlévement ou la degradation des signes publics de l'autorité royale, opérés en haine ou mépris
de cette autorité;

2° Le.port public de tous signes extérieurs de ralliement non autorisés par le Roi ou par des réglements de police;   )

3° L'exposition dans les lieux ou réunions publics,
la distribution ou la mise en vente de tous signes ou
symboles destinés à propager l'esprit de rébellion
ou à troubler la paix publique.

10. Quiconque, par l'un des moyens énoncés en 333.
l'article 1 de la loi du 17 mai 1819, aura cherché à
troubler la paix publique en excitant le mépris ou
la haine des citoyens contre une ou plusieurs classes
de personnes, sera puni des peines portées en l'article précédent.   ٱ

11. Les propriétaires ou éditeurs de tout journal 334.
ou écrit périodique seront tenus d'y insérer, dans
les trois jours de la réception, ou dans le plus prochain numéro, s'il n'en étoit pas publié avant l'expiration dés trois jours, la réponse de toute personne
nommée ou désignée dans le journal ou écrit périodique, sous peine d'une amende de cinquante
francs à cinq cents francs, sans préjudice des autres

---

332. Les nombres 2 et 3 de l'artiele 5 de la loi du 17 mai 1819
(n. 211), sont remplacés par cet article. Con., n. 17.

333. Cet article renferme une disposition nouvelle. Con., n. 19.

334. Même observation. Con., n. 61.

peines et dommages-intérêts auxquels l'article incriminé pourroit donner lieu. Cette insertion sera
gratuite, et la réponse pourra avoir le double de la
longueur de l'article auquel elle sera faite.

335. 12. Toute publication, vente ou mise en vente,
exposition, distribution, sans l'autorisation préalable du Gouvernement, de dessins gravés ou lithographiés, sera, pour ce seul fait, punie d'un emprisonnement de trois jours à six mois, et d'une amende
de dix francs à cinq cents francs, sans préjudice des
poursuites auxquelles pourroit donner lieu le sujet
du dessin.

336. 13. L'article 10 de la loi du 9 juin 1819 est commun à toutes les dispositions du présent titre, en
tant qu'elles s'appliquent aux propriétaires ou éditeurs d'un journal ou écrit périodique.

337. 14. Dans les cas de délits correctionnels prévus
par les premier, second et quatrième paragraphes
de l'article 6, par l'article 8 et par le premier paragraphe de l'article 9 de la présente loi, les tribunaux
pourront appliquer, s'il y a lieu, l'article 463 du
Code pénal.

TITRE II.

De la poursuite.

338. 15. Dans le cas d'offense envers les Chambres ou

335. Cet article remplace l'article 8 de la loi du 31 mars 1820
(n. 297), Con., n. 80, T. C., 297, 312, 369, 370.
336. Con., n. 38.
337. Cet article renferme une disposition nouvelle. Con., n. 44.
338. Cet article ne laisse subsister l'article 2 de la loi du 26 mai

l'une d'elles par l'un des moyens énoncés en la loi du 17 mai 1819, la Chambre offensée, sur la simple réclamation d'un de ses membres, pourra, si mieux elle n'aime autoriser les poursuites par la voie ordinaire, ordonner que le prévenu sera traduit à sa barre. Après qu'il aura été entendu ou dûment appelé, elle le condamnera, s'il y a lieu, aux peines portées par les lois. La décision sera exécutée sur l'ordre du président de la Chambre.

16. Les Chambres appliqueront elles-mêmes, conformément à l'article précédent, les dispositions de l'article 7 relatives au compte rendu par les journaux de leurs séances. 339.

Les dispositions du même article 7 relatives au compte rendu des audiences des cours et tribunaux, seront appliquées directement par les cours et tribunaux qui auront tenu ces audiences.

17. Seront poursuivis devant la police correc- 340.

1819 (n. 89 et 235), que dans le cas où la Chambre offensée aimeroit mieux laisser poursuivre par les tribunaux que de traduire à sa barre. Con., n. 81.

339. Cet article renferme une disposition nouvelle. Con., n. 82.

340. Cet article fait rentrer dans le droit commun d'où l'on étoit sorti par la loi du 26 mai 1819. (n. 233.)

Désormais, les jurés ne devront plus connoître des délits, lors même qu'ils sont commis par la voie de la presse et par tous autres moyens de publication. La connoissance des délits et des contraventions, commis par ces mêmes voies, rentrent dans les attributions des tribunaux de police correctionnelle et des tribunaux de simple police.

On sent que, dans la Concordance, cet article a dû subir plusieurs coupures. On les trouvera sous les numéros 84, 88, 112, 129, 134, 141.

7

tionnelle et d'office, les délits commis par la voie
de la presse, et les autres délits énoncés en la présente loi et dans celle du 17 mai 1819, sauf les cas
prévus par les articles 15 et 16 ci-dessus. Néanmoins
la poursuite n'aura lieu d'office, dans le cas prévu
par l'article 12 de la loi du 17 mai 1819, et dans
celui de diffamation ou d'injure contre tout agent
diplomatique étranger, accrédité près du Roi, ou
contre tout particulier, que sur la plainte ou à la
requête soit du souverain ou du chef du gouvernement qui se croira offensé, soit de l'agent diplomatique ou du particulier qui se croira diffamé ou
injurié.

Les appels des jugements rendus par les tribunaux correctionnels sur les délits commis par des
écrits imprimés par un procédé quelconque, seront
portés directement, sans distinction de la situation
locale desdits tribunaux, aux cours royales pour y
être jugés par la première chambre civile et la chambre correctionnelle réunies, dérogeant, quant à ce,
aux articles 200 et 201 du Code d'instruction criminelle.

Les appels des jugements rendus par les mêmes
tribunaux sur tous les autres délits prévus par la
présente loi et par celle du 17 mai 1819, seront jugés
dans la forme ordinaire fixée par le Code pour les
délits correctionnels.

341. 18. En aucun cas la preuve par témoins ne sera

341. Par cet article, les articles 20, 21, 22, 23 et 24 de la loi du
26 mai 1819, sont abrogés ou modifiés de la manière indiquée aux
numéros 119, 120, 121, 122, 123, 124, 253, 254, 255, 256, 257.

admise pour établir la réalité des faits injurieux ou diffamatoires.

––––––––

CODE PÉNAL. n° 113 *bis de la 7ᵐᵉ série du Bulletin*   342.
des lois.

42. Les tribunaux, jugeant correctionnellement,   343.
pourront, dans certains cas, interdire en tout ou
en partie, l'exercice des droits civiques, civils et de
famille suivants :

1° De vote et d'élection ;

2° D'éligibilité ;

3° D'être appelé ou nommé aux fonctions de juré
ou autres fonctions publiques, ou aux emplois de
l'administration, ou d'exercer ces fonctions ou emplois ;

4° De port d'armes ;

5° De vote et de suffrage dans les délibérations de
famille ;

6° D'être tuteur, curateur, si ce n'est de ses en-
fants et sur l'avis seulement de la famille ;

7° D'être expert ou employé comme témoin dans
les actes ;

8° De témoignage en justice, autrement que pour
y faire de simples déclarations.

343. Con. , n t t

CHAPITRE IV.

Des peines de la récidive pour crimes et délits.

344.   56. Quiconque, ayant été condamné pour crime, aura commis un second crime emportant la dégradation civique, sera condamné à la peine du carcan ;

Si le second crime emporte la peine du carcan ou le bannissement, il sera condamné à la peine de la réclusion ;

Si le second crime entraîne la peine de la réclusion, il sera condamné à la peine des travaux forcés à temps, et à la marque ;

Si le second crime entraîne la peine des travaux forcés à temps ou la déportation, il sera condamné à la peine des travaux forcés à perpétuité ;

Si le second crime entraîne la peine des travaux forcés à perpétuité, il sera condamné à la peine de mort.

345.   57. Quiconque, ayant été condamné pour un crime, aura commis un délit de nature à être puni correctionnellement, sera condamné au *maximum* de la peine portée par la loi, et cette peine pourra être élevée jusqu'au double.

346.   58. Les coupables condamnés correctionnellement à un emprisonnement de plus d'une année, seront aussi, en cas de nouveau délit, condamnés au *maximum* de la peine portée par la loi, et cette peine pourra être élevée jusqu'au double : ils seront

344. Con., n. 39. — 345. Con., n. 39.—346. Con., n. 39.

de plus mis sous la surveillance spéciale du Gouvernement pendant au moins cinq années, et dix ans au plus.

LIVRE II.

Des personnes punissables, excusables, ou responsables, pour crimes ou pour délits.

CHAPITRE UNIQUE.

59. Les complices d'un crime ou d'un délit seront 347. punis de la même peine que les auteurs mêmes de ce crime ou de ce délit, sauf les cas où la loi en auroit disposé autrement.

60. Seront punis comme complices d'une action 348. qualifiée crime ou délit, ceux qui, par dons, promesses, menaces, abus d'autorité ou de pouvoir, machinations ou artifices coupables, auront provoqué à cette action ou donné des instructions pour la commettre ;

Ceux qui auront procuré des armes, des instruments, ou tout autre moyen qui aura servi à l'action, sachant qu'ils devoient y servir.

228. Tout individu qui, même sans armes, et 349. sans qu'il en soit résulté de blessures, aura frappé un magistrat dans l'exercice de ses fonctions, ou à l'occasion de cet exercice, sera puni d'un emprisonnement de deux à cinq ans.

Si cette voie de fait a eu lieu à l'audience d'une

347. Con., n. 31, 32, 33. — 348. Con., n. 31, 32, 33.
349. Con., n. 20, T. C., 329.

cour ou d'un tribunal, le coupable sera puni du carcan.

350.   229. Dans l'un et l'autre des cas exprimés en l'article précédent, le coupable pourra de plus être condamné à s'éloigner, pendant cinq à dix ans, du lieu où siége le magistrat, et d'un rayon de deux myriamétres.

Cette disposition aura son exécution à dater du jour où le condamné aura subi sa peine.

Si le condamné enfreint cet ordre avant l'expiration du temps fixé, il sera puni du bannissement.

351.   231. Si les violences exercées contre les fonctionnaires et agents désignés aux articles 228 et 230, ont été la cause d'effusion de sang, blessures ou maladie, la peine sera la réclusion; si la mort s'en est suivie dans les quarante jours, le coupable sera puni de mort.

352.   232. Dans le cas même où ces violences n'auroient pas causé d'effusion de sang, blessures ou maladie, les coups seront punis de la réclusion, s'ils ont été portés avec préméditation ou guet-apens.

353.   233. Si les blessures sont du nombre de celles qui portent le caractère du meurtre, le coupable sera puni de mort.

350, Con., n. 20, T. C., 329. — 351. Con., n. 20, T C., 329. 352. Con., 20, T. C., 329. — 353. Con., n. 20, T. C., 329.

SECTION VI.

Délits commis par la voie d'écrits, images ou gravures,
distribués sans nom d'auteur, imprimeur ou graveur.

283. Toute publication ou distribution d'ouvra- 354.
ges, écrits, avis, bulletins, affiches, journaux,
feuilles périodiques ou autres imprimés, dans lesquels ne se trouvera pas l'indication vraie des noms,
profession et demeure de l'auteur ou de l'imprimeur, sera, pour ce seul fait, punie d'un emprisonnement de six jours à six mois, contre toute personne qui aura sciemment contribué à la publication ou distribution.

284. Cette disposition sera réduite à des peines de 355.
simple police,

1° A l'égard des crieurs, afficheurs, vendeurs ou
distributeurs qui auront fait connoître la personne
de laquelle ils tiennent l'écrit imprimé;

2° A l'égard de quiconque aura fait connoître
l'imprimeur;

3° A l'égard même de l'imprimeur qui aura fait
connoître l'auteur.

285. Si l'écrit imprimé contient quelques provo- 356.
vocations à des crimes ou délits, les crieurs, afficheurs, vendeurs et distributeurs seront punis
comme complices des provocateurs, à moins qu'ils
n'aient fait connoître ceux dont ils tiennent l'écrit
contenant la provocation.

354. Con., n. 73. — 355. Con., n. 74. — 356. Con., n. 76.

En cas de révélation, ils n'encourront qu'un emprisonnement de six jours à trois mois; et la peine de complicité ne restera applicable qu'à ceux qui n'auront point fait connoître les personnes dont ils auront reçu l'écrit imprimé, et à l'imprimeur, s'il est connu.

357.   286. Dans tous les cas ci-dessus, il y aura confiscation des exemplaires saisis.

358.   287. Toute exposition ou distribution de chansons, pamphlets, figures ou images contraires aux bonnes mœurs, sera punie d'une amende de seize francs à cinq cents francs, d'un emprisonnement d'un mois à un an, et de la confiscation des planches et des exemplaires imprimés ou gravés de chansons, figures, ou autres objets du délit.

359.   288. La peine d'emprisonnement et l'amende prononcées par l'article précédent, seront réduites à des peines de simple police,

1° A l'égard des crieurs, vendeurs ou distributeurs qui auront fait connoître la personne qui leur a remis l'objet du délit;

2° A l'égard de quiconque aura fait connoître l'imprimeur ou le graveur;

3° A l'égard même de l'imprimeur ou du graveur qui auront fait connoître l'auteur ou la personne qui les aura chargés de l'impression ou de la gravure.

360.   289. Dans tous les cas exprimés en la présente section, et où l'auteur sera connu, il subira le *maximum* de la peine attachée à l'espèce du délit.

357. Con., n. 77.—358. Con., n. 4, T. C., 291.
359. Con., n. 5.—360. Con., n. 8, 78.

Disposition particulière.

290. Tout individu qui, sans y avoir été autorisé 361.
par la police, fera le métier de crieur ou afficheur
d'écrits imprimés, dessins ou gravures, même munis
des noms d'auteur, imprimeur, dessinateur ou graveur, sera puni d'un emprisonnement•de six jours
à deux mois.

463. Dans tous les cas où la peine d'emprisonne- 362.
ment est portée par le présent Code, si le préjudice
causé n'excède pas vingt-cinq francs, et si les circonstances paroissent atténuantes, les tribunaux
sont autorisés à réduire l'emprisonnement, même
au-dessous de six jours, et l'amende, même au-
dessous de seize francs. Ils pourront aussi prononcer séparément l'une ou l'autre de ces peines, sans
qu'en aucun cas elle puisse être au-dessous des
peines de simple police.

471. Seront punis d'amende, depuis un franc jus- 363.
qu'à cinq francs inclusivement,

Ceux qui, sans avoir été provoqués, auront proféré contre quelqu'un des injures autres que celles
prévues depuis l'article 367, jusques et compris l'article 378.

474. La peine d'emprisonnement contre toutes les 364.
personnes mentionnées en l'article 471, aura toujours lieu en cas de récidive, pendant trois jours au
plus.

361. Con., n 79. — 362. Con., n. 45.
363. Con., n. 30. — 364. Con., n. 42.

365.   475. Seront punies d'amende, depuis six francs jusqu'à dix francs inclusivement,

Les personnes désignées aux articles 284 et 288 du présent Code.

366.   477. Seront saisis et confisqués, les écrits ou gravures contraires aux mœurs : ces objets seront mis sous le pilon.

367.   478. La peine de l'emprisonnement pendant cinq jours au plus, sera toujours prononcée, en cas de récidive, contre toutes les personnes mentionnées dans l'article 475.

———

368. ORDONNANCE *du 1er mai 1822, sur la publication de tous dessins gravés et lithographiés, n° 526 de la 7me série du Bulletin des lois.*

369.   Art. 1. Dans le cas prévu par l'article 12 de la loi du 25 mars 1822, l'autorisation du Gouvernement sera délivrée à Paris, au bureau de la librairie, et dans les départements, au secrétariat de la préfecture, en exécution de la loi du 21 octobre 1814, et de notre ordonnance du 24 du même mois. Cette autorisation contiendra la désignation sommaire du dessin gravé ou lithographié, et du titre qui lui aura été donné.

---

365. Con., n. 6, 75. — 366. Con., n. 7. — 367. Con., n. 43.

368. L'ouvrage étoit sous presse au moment où cette ordonnance a paru : voilà pourquoi elle se trouve placée après l'extrait du Code pénal, ce qui, au reste, est assez indifférent...

369. Con., n. 67, 80, T. C., n. 181, 196, 199, 312, 335.

Elle sera inscrite sur une épreuve qui demeurera au pouvoir de l'auteur ou de l'éditeur, et qu'il sera tenu de représenter à toute réquisition.

L'auteur ou l'éditeur, en recevant l'autorisation, déposera au bureau de la librairie, ou au secrétariat de la préfecture, une épreuve destinée à servir de pièce de comparaison ; il certifiera, par une déclaration inscrite sur cette épreuve, sa conformité avec le reste de l'édition pour laquelle l'autorisation lui sera accordée.

2. A l'égard des dessins gravés ou lithographiés qui 370. ont paru avant la publication de la présente ordonnance, il est accordé un délai d'un mois pour se pourvoir de la même autorisation.

3. Notre ministre secrétaire d'état au département 371. de l'intérieur, est chargé de l'exécution de la présente ordonnance.

370. Con. n. 80, T. C., n. 335.

FIN.

TABLE

ALPHABÉTIQUE SOMMAIRE
DES INFRACTIONS.

— Non autorisé des séances des Chambres. (Con., n. 60 ,
 T. C., n. 277.)

———

Cris séditieux. (Con., n. 16, T. C., n. 331.)

———

Diffamation publique. (Con., n. 21, T. C., n. 219.)
— Envers des cours, tribunaux, corps constitués, auto-
 rités ou administrations publiques. (Con., n. 23,
 T. C., n. 328.)
— Envers des dépositaires ou agents de l'autorité publi-
 que pour faits relatifs à leurs fonctions. (Con.,
 n. 24, T. C., n. 222.)
— Envers les mêmes personnes pour faits étrangers à
 leurs fonctions. (Con. n. 26, T. C., n. 224.)
— Envers des agents diplomatiques. (Con., n. 25, T. C.,
 n. 223.)
— Envers des particuliers. (Con., n. 26, T. C., n. 224.)
Diffamation publique, particulière au Barreau. (Con.,
 n. 27, T. C., n. 229.)

———

Enlèvement des signes de la royauté. (Con., n. 17, T.
 C., n. 332.)
Exercice sans autorisation du métier de crieur ou d'af-
 ficheur. (Con., n. 79, T. C., n. 361.)
Exposition de signes de rébellion. (Con., n. 17, T. C.,
 n. 332.)

———

Impression d'un ouvrage sans déclaration préalable.
 (Con., n. 70, T. C., n. 183.)

FIN DE LA TABLE.